JOEL OSTEEN

ESVAZIE A NEGATIVIDADE

Também de Joel Osteen

A Mentalidade da Abundância

All Things Are Working for Your Good

Daily Readings from All Things Are Working for Your Good

Blessed in the Darkness

Blessed in the Darkness Journal
Blessed in the Darkness Study Guide

Break Out!

Break Out! Journal
Daily Readings from Break Out!

Eu Declaro

31 Promessas de Vitória para Sua Vida

Every Day a Friday

Every Day a Friday Journal
Daily Readings from Every Day a Friday

Fresh Start

Fresh Start Study Guide

Next Level Thinking

Next Level Thinking Journal
Next Level Thinking Study Guide
Daily Readings from Next Level Thinking

Sua Vida Melhor Agora

7 Passos para Viver em Seu Potencial Máximo

The Power of Favor

The Power of Favor Study Guide

The Power of I Am

The Power of I Am Journal
The Power of I Am Study Guide
Daily Readings from The Power of I Am

Think Better, Live Better

Think Better, Live Better Journal
Think Better, Live Better Study Guide
Daily Readings from Think Better, Live Better

Two Words That Will Change Your Life Today

With Victoria Osteen

Our Best Life Together
Wake Up to Hope Devotional

You Can, You Will

You Can, You Will Journal
Daily Readings from You Can, You Will

JOEL OSTEEN

ESVAZIE A NEGATIVIDADE

ALTA BOOKS
GRUPO EDITORIAL
Rio de Janeiro, 2023

Esvazie a Negatividade

ISBN: 978-65-5520-585-5

Impresso no Brasil — 1ª Edição, 2023 — Edição revisada conforme o Acordo Ortográfico da Língua Portuguesa de 2009.

Dados Internacionais de Catalogação na Publicação (CIP) de acordo com ISBD

O85e Osteen, Joel

Esvazie a negatividade: abra espaço para mais alegria, maior confiança e novos níveis de influência / Joel Osteen ; traduzido por Vic Vieira. – Rio de Janeiro : Alta Books, 2023.
160 p. ; 16m x 23cm.

Tradução de: Empty Out the Negative
ISBN: 978-65-5520-585-5

1. Autoajuda. 2. Negatividade. I. Vieira, Vic. II. Título.

2022-1254 CDD 158.1
CDU 159.947

Elaborado por Vagner Rodolfo da Silva - CRB-8/9410

Índice para catálogo sistemático:
1. Autoajuda 158.1
2. Autoajuda 159.947

Produção Editorial
Grupo Editorial Alta Books

Diretor Editorial
Anderson Vieira
anderson.vieira@altabooks.com.br

Editor
José Ruggeri
j.ruggeri@altabooks.com.br

Gerência Comercial
Claudio Lima
claudio@altabooks.com.br

Gerência Marketing
Andréa Guatiello
andrea@altabooks.com.br

Coordenação Comercial
Thiago Biaggi

Coordenação de Eventos
Viviane Paiva
comercial@altabooks.com.br

Coordenação ADM/Finc.
Solange Souza

Coordenação Logística
Waldir Rodrigues

Gestão de Pessoas
Jairo Araújo

Direitos Autorais
Raquel Porto
rights@altabooks.com.br

Assistente Editorial
Mariana Portugal

Produtores Editoriais
Illysabelle Trajano
Maria de Lourdes Borges
Paulo Gomes
Thales Silva
Thiê Alves

Equipe Comercial
Adenir Gomes
Ana Carolina Marinho
Ana Claudia Lima
Daiana Costa
Everson Sete
Kaique Luiz
Luana Santos
Maira Conceição
Natasha Sales

Equipe Editorial
Ana Clara Tambasco
Andreza Moraes
Arthur Candreva
Beatriz de Assis
Beatriz Frohe
Betânia Santos
Brenda Rodrigues
Caroline David
Erick Brandão
Elton Manhães
Fernanda Teixeira
Gabriela Paiva
Henrique Waldez
Karolayne Alves
Kelry Oliveira
Lorrahn Candido
Luana Maura
Marcelli Ferreira
Matheus Mello
Milena Soares
Patricia Silvestre
Viviane Corrêa
Yasmin Sayonara

Marketing Editorial
Amanda Mucci
Guilherme Nunes
Livia Carvalho
Pedro Guimarães
Thiago Brito

Atuaram na edição desta obra:

Revisão Gramatical
Hellen Suzuki
Thaís Pol

Tradução
Vic Vieira

Copidesque
Eliana Moura

Diagramação
Joyce Matos

Capa
Marcelli Ferreira

Editora **afiliada à:**

Rua Viúva Cláudia, 291 — Bairro Industrial do Jacaré
CEP: 20.970-031 — Rio de Janeiro (RJ)
Tels.: (21) 3278-8069 / 3278-8419
www.altabooks.com.br — altabooks@altabooks.com.br
Ouvidoria: ouvidoria@altabooks.com.br

SUMÁRIO

AGRADECIMENTOS

Neste livro, apresento muitas histórias compartilhadas comigo por amigos, membros de nossa congregação e pessoas que conheci ao redor do mundo. Reconheço e estimo suas contribuições e seu apoio. Algumas das pessoas mencionadas não conheci pessoalmente e, em poucos casos, mudei os nomes para proteger a privacidade delas. Eu honro a todos aqueles a quem a honra é devida. Como filho de um líder religioso e sendo eu mesmo pastor, ouvi incontáveis sermões e apresentações, o que, em alguns casos, faz com que não me lembre da fonte exata de uma história.

Estou em dívida com a equipe incrível da Lakewood Church, seus integrantes maravilhosos que compartilham suas histórias comigo e também com aqueles ao redor do globo que apoiam generosamente nosso ministério e tornam possível levar esperança a um mundo em necessidade. Sou grato a todos que seguem nossos serviços na televisão, na internet, na rádio SiriusXM e por meio de podcasts. Vocês são todos parte da família Lakewood.

Agradeço especialmente a todos os pastores do país que são membros de nossa Champions Network.

Mais uma vez, sou grato pela equipe maravilhosa de profissionais que me ajudou a fazer este livro para você. Na liderança está Daisy Hutton, publisher da FaithWords/Hachette, com os membros da equipe: Patsy Jones, Billy Clark, Dale Wilstermann e Karin Mathis. Reconheço de verdade as contribuições editoriais do escritor Lance Wubbels.

Sou grato também às minhas agentes literárias Jan Miller Rich e Shannon Marven, na Dupree Miller & Associates.

E por último, mas não menos importante, sou grato à minha esposa, Victoria, e aos nossos filhos, Jonathan e Alexandra, que são minhas fontes de inspiração diária, assim como aos nossos familiares mais próximos, que servem como líderes do dia a dia do nosso ministério, incluindo minha mãe, Dodie; meu irmão, Paul, e sua esposa, Jennifer; minha irmã, Lisa, e seu marido, Kevin; e meu cunhado, Don, e sua esposa, Jackelyn.

CAPÍTULO UM

Esvazie a Negatividade

É fácil seguir em frente com a vida estando apegado a coisas que nos puxam para baixo — culpa, ressentimento, dúvida, preocupação. O problema é que, quando permitimos que essas emoções negativas entrem, elas tomam o espaço que precisamos para as coisas boas que deveriam estar lá. Imagine que sua vida é como um receptáculo. Você foi criado para ser preenchido com alegria, paz, confiança e criatividade. Mas, se permite que a preocupação entre, ela empurra a paz para fora. Não há espaço para ambas. Você não pode ir além da capacidade total; há uma quantidade limitada de espaço. Se permitir que a culpa o ocupe, não haverá lugar para a confiança de que precisa.

O motivo pelo qual algumas pessoas não gostam de suas vidas é o fato de seu receptáculo, ou seu coração, estar contaminado. Elas têm 10% dele preenchido com preocupação, estressando-se por causa do trabalho; 12%, com amargura, irritando-se com o vizinho; 20%, com culpa, castigando-se por erros do passado; 9%, com inveja, pensando que o colega de trabalho é mais atraente. Essas pessoas não percebem que 70% de seu receptáculo é negativo. E, ainda assim, se perguntam por que não têm alegria, criatividade e paixão. Elas só têm espaço para 30% das coisas boas que deveriam ter.

A Bíblia diz: "Não deis lugar ao inimigo." Isso não fala apenas das forças da escuridão. Significa não dar lugar para a culpa. Não dar lugar para a preocupação. Não dar lugar para a amargura. Esses contaminantes não podem entrar e automaticamente tomar conta de tudo. Você controla o que há em seu receptáculo. Você controla o que pensa e o que escolhe deixar entrar. Todos nós temos emoções negativas, sentimentos negativos. Mas você precisa fazer a escolha que diz: "Não vou dar espaço valioso para essa inveja, essa amargura ou essa raiva, deixando-a envenenarem minha vida. Vou proteger o meu coração, filtrando o que permito que entre nele."

Toda manhã, quando acordamos, precisamos esvaziar qualquer coisa negativa do dia anterior. Se alguém o ofendeu no trabalho e não o tratou bem, é fácil deixar essa ofensa ficar com você. Pode parecer bom carregar o rancor. Mas é necessário ser disciplinado e dizer: "Não, não vou dar espaço algum para essa ofensa. Eu não vou deixá-la amargar meu dia." Essa pessoa o machucou uma vez. Não deixe que ela continue a machucar ao se agarrar à ofensa. Ser ofendido não machuca a outra pessoa, machuca você. Está ocupando o espaço de que você precisa para as coisas boas que o levarão em direção ao seu destino.

Você controla o que há em seu receptáculo. Você controla o que pensa e o que escolhe deixar entrar.

Vamos dizer que, ao acordar de manhã, surgem os pensamentos de preocupação. *Como você vai pagar as contas? E se o resultado do exame médico não for bom? E se não conseguir se livrar desse problema?* Não permita que esses pensamentos negativos entrem. Não cometa o erro de se afundar neles. Apenas diga: "Não, obrigado. Sei que Deus está no controle. Ele me tem na palma de Suas mãos. Ele me levará para onde eu devo estar." Faça um inventário daquilo a que você está dando espaço. A vida é muito curta para viver com coisas negativas nos puxando para baixo.

Abra Espaço para as Coisas Boas

Davi diz, no Salmo 103: "Ele enche a minha vida com muitas coisas boas, e assim eu continuo jovem e forte como a águia." Aprendi que, se esvaziar a negatividade, se abrir espaço, Deus o preencherá de coisas boas. Se esvaziar a preocupação, Deus o preencherá de paz. Se você se esvaziar da insegurança e das coisas negativas que as pessoas disseram sobre você, Deus o preencherá de confiança. Minha pergunta é: Deus está tentando preenchê-lo de coisas boas, mas não há espaço? Seu receptáculo está cheio de preocupação, arrependimento, amargura e inveja? Por que não começa a esvaziá-lo? Se alguém lhe fez mal, há a chance de se agarrar a essa amargura; mas, em vez disso, você precisa dizer: "Deus, eu o perdoo. Deixo isso ir embora." Você não só perdoou. Você abriu espaço para Deus preenchê-lo com coisas boas. É assim que ele lhe dará beleza no lugar de cinzas e alegria no lugar de tristeza.

Talvez esteja num período difícil. O resultado do exame médico não foi bom. Você pode estar estressado e preocupado; mas, em vez de sentir isso, diz: "Deus, eu confio em você. Você disse que recuperaria minha saúde." E, assim, abre espaço para Deus preenchê-lo com a cura. Você esvazia a preocupação, e Deus lhe dá paz no meio da tempestade.

Talvez um colega tenha ganhado a promoção que você trabalhou tanto para conseguir. A inveja e o ciúme virão. "Queria que fosse eu. Sou mais esperto que ele. Não entendo isso." Em vez de deixar esse ciúme ficar, você precisa dizer: "Deus, sei que Você não diferen-

Seu receptáculo está cheio de preocupação, arrependimento, amargura e inveja? Por que não começa a esvaziá-lo?

cia as pessoas. Você conseguiu a promoção para ele, e sei que também pode fazer isso por mim." A boa notícia é que Deus não tem um número limitado de favores. Ele não tem uma oferta limitada. Se você se esvaziar da inveja, quando for a sua vez de ser promovido, Deus abrirá portas que nenhum homem poderá fechar. Se alguém conseguiu o que você queria, isso significa apenas que aquilo não era para ser seu. Se outra pessoa conseguiu a promoção, fique feliz por ela. Se outra pessoa conquistou quem você queria namorar, não fique chateado. Deus sabe o que está fazendo. Se tivesse funcionado da sua maneira, essa pessoa seria a segunda melhor. O ponto-chave é: o que tem o seu nome não vai para outra pessoa. Não ande por aí amargurado, com inveja, em autopiedade — isso envenenará a sua vida. Esvazie-se. Deus está no controle. Ele está direcionando os seus passos e, no momento certo, o que tem o seu nome escrito aparecerá.

Deus promete que, se abrirmos espaço, Ele não apenas nos preencherá com coisas boas, mas nos manterá jovens e fortes. O motivo de algumas pessoas não serem jovens e fortes — não quero dizer apenas jovem fisicamente, mas em espírito, vibrante e com paixão pela vida — é que elas estão preenchidas de negatividade. A preocupação o deixará fraco. Viver estressado o deixará velho, dará rugas e acabará com sua paixão. Ser amargurado, bravo e ressentido diminuirá sua vida. O provérbio diz: "Uma atitude relaxada prolonga a vida." Você pode ter 80 anos e ser jovem de coração. Seu espírito nunca envelhece.

Um tempo atrás, conheci uma mulher no saguão da igreja. Era seu aniversário de 100 anos. Ela estava em pé, vestida de modo impecável, com boa aparência, quase sem rugas e cheia de felicidade. Sua mente era tão afiada quanto poderia ser. Perguntei a ela qual era o seu segredo, para que eu pudesse contar a Victoria. A senhora disse: "Não me preocupar. Eu deixo as coisas passarem e dou muita risada." Ela viveu com esse princípio. Mas é certo que, em seus 100 anos, ela teve problemas, as pessoas a machucaram e erros foram cometidos. A vida aconteceu. As ofensas vieram, mas ela não se agarrou a isso. Continuou a esvaziar-se, e, como Deus

> *Viver estressado o deixará velho, dará rugas e acabará com sua paixão.*

prometeu, Ele preencheu a vida dela com coisas boas e a manteve jovem e forte.

Não quero ficar velho, rabugento, mal-humorado e decadente. Quero permanecer jovem, forte, atraente e cheio de fé, alegria e energia. A maneira de fazer isso acontecer é não abrir espaço para a negatividade. Adquira o hábito de esvaziar as ofensas. Esvazie a preocupação. Se cometer um erro, esvazie a culpa. Se não fez o seu melhor, esvazie o arrependimento. Faça melhor na próxima vez. Se ninguém lhe deu crédito pelo que você fez, esvazie a autopiedade. Se teve um término ruim e não o entende, esvazie as perguntas. Se ficar bom em esvaziar a negatividade, você será como aquela mulher: forte, jovem, vibrante e cheio de fé e alegria.

Libere

Jesus disse: "Felizes as pessoas que têm o coração puro, pois elas verão a Deus." A palavra *puro,* no idioma original, é de onde vem a palavra *catarse,* que significa "limpeza, liberação, purificação". Se passar por uma cirurgia, o médico pode colocar um cateter no seu corpo — um tubo que drena as impurezas. A palavra "cateter" tem a mesma raiz que *catarse*. Um cateter automaticamente se desfaz do que não é benéfico — as toxinas, as infecções, o que não serve — e expulsa do corpo. O médico sabe que haverá contaminantes. Ele não está alarmado com o fato de que o corpo tem infecções e substâncias que não têm serventia. Ele fica alarmado apenas quando tudo isso não é expelido. Quando Deus diz "Felizes as pessoas que têm o coração puro", está dizendo: "Você será abençoado quando aprender a liberar as impurezas da vida, assim como faz um cateter, quando adquirir o hábito de esvaziar as coisas que infectem você."

Você sabe o que é a amargura para o espírito? É uma infecção. A culpa é uma infecção. Preocupação, dúvida e autopiedade são infecções. Essas coisas não são incomuns. As impurezas vêm para todos nós. Mas você precisa expeli-las. É quando nos agarramos a elas que há contaminação do nosso espírito, cau-

Você sabe o que é a amargura para o espírito? É uma infecção.

sando problemas. Você não foi criado para carregar culpa, arrependimento, amargura e raiva. Isso envenena a vida.

"Joel, eu sou amargurado porque tive um término ruim"; "Estou azedo porque alguém me abandonou". Eu digo, com respeito: isso é simplesmente uma impureza. Por que você não a libera para que ela não infecte o resto da sua vida? Não deixe uma decepção, um divórcio, uma demissão ou uma perda envenenar o seu futuro. "Estou preocupado com minha saúde. Estou preocupado com minhas finanças. Estou preocupado com meus filhos." A preocupação é parte da vida. Esses pensamentos vêm para todos nós. O ponto-chave é não se agarrar a eles. Reconheça que não são benéficos, que não estão movimentando você adiante. São uma impureza que não foi feita para ficar. Você precisa liberá-la. "Deus, eu não enxergo um caminho, mas sei que Você ainda está no trono. Sei que Você é maior do que esse problema. Sei que está suprindo todas as minhas necessidades." Você acabou de liberar a toxina.

A boa notícia é que você pode se livrar dessa infecção. Ela não é permanente.

Você está se agarrando a uma infecção? A impurezas? Está bravo? Ciumento? Preocupado? Desencorajado? Talvez teve uma decepção, alguma coisa não funcionou. Imagine que há um anjo com um pacote de entrega que tem o seu nome. Ele diz: "Beleza em vez de cinzas, novos começos, novas oportunidades e novas amizades." Ele está a caminho com essas coisas boas; o problema é que, se está agarrado às coisas antigas, não há espaço para que ele as entregue a você. Imagino quantas coisas estão a caminho agora. O anjo está à espera com nossa felicidade, nossa paz, nossa confiança, nossa criatividade ou nosso cônjuge, mas não há espaço. Porque não estamos liberando as toxinas — a raiva, a amargura, a inveja, a preocupação —, ele não pode nos entregar as coisas boas. Em vez de vivermos abençoados e animados com nosso futuro, nos tornamos infectados. A boa notícia é que você pode se livrar dessa infecção. Ela não é permanente. Se começar a liberar o arrependimento, a preocupação, a amargura ou a raiva, é só uma questão de tempo antes de esse anjo aparecer com sua encomenda. Quando você abre espaço, Deus promete que vai preencher sua vida com coisas boas.

Mantenha Seu Coração Puro

Foi isso que Davi fez. Ele era um especialista em esvaziar a negatividade. Como um jovem rapaz, sua família o menosprezava e o tratava como se ele fosse de segunda categoria. Ele poderia ter deixado aquela infecção se enraizar, poderia ter vivido inseguro. Em vez disso, ele deixou que entrasse por um ouvido e saísse pelo outro. Sabia que, caso se agarrasse a essa infecção, ficaria afastado do seu destino. Mais tarde, Davi foi ao palácio e serviu ao Rei Saul fielmente. Quando Saul estava doente, Davi tocava harpa para ajudá-lo a se sentir melhor. Em retribuição, esse rei tentou matá-lo. Saul tinha inveja de Davi, tendo-o perseguido pelo deserto e deixado sua vida miserável por muitos anos. Davi poderia ter ficado amargurado, poderia ter pensado: *De que adianta? Todo mundo está contra mim. A vida não é justa.* Em vez disso, ele manteve seu coração puro e esvaziou a autopiedade.

Assim como Davi, todos nós temos impurezas e infecções. As pessoas se viram contra nós sem motivo. Nossos planos nem sempre funcionam. É fácil pensar: *Por que isso está acontecendo comigo?* É apenas a vida. A Bíblia diz: "As ofensas virão", e isso não é um problema, a não ser que você não saiba o que fazer com elas. Muitas pessoas cometem o erro de guardá-las. Ficam amarguradas, vivem com culpa, colecionando rancor. Isso envenenará o seu futuro. É preciso liberar as toxinas da vida. Você pode não conseguir impedi-las de aparecer, mas pode impedi-las de ficar. Davi tinha um coração puro. Isso significa que ele mantinha as infecções afastadas, não que era perfeito. Davi errava. Ele cometeu adultério com uma mulher e provocou a morte do marido dela. Tentou esconder isso durante um ano. Estava tão sobrecarregado de culpa e condenação que se tornou fisicamente doente e fraco. Esse veneno começou a infectar cada parte de sua vida. Ele finalmente admitiu o erro, se arrependeu e pediu a Deus que o perdoasse, e as coisas começaram a mudar.

Assim que conseguiu se livrar da infecção, recuperou a saúde.

Quando cometer um erro — e todos nós cometemos —, não corra para longe de Deus. Não tente se esconder. Vá até Deus e se arrependa. Isso significa não continuar fazendo a mesma coisa. Então peça perdão. Aqui está o ponto: você precisa receber a misericórdia de Deus. O inimigo é chamado de "o acusador dos irmãos". Ele vai lembrá-lo de cada erro que você cometeu pelos últimos trinta anos.

Não passe a vida olhando o retrovisor, se colocando para baixo, vivendo arrependido.

É fácil viver sua vida se arrependendo, pensando sobre o que você deveria ter feito de diferente. *Eu deveria ter criado melhor meus filhos. Deveria ter sido mais fiel no casamento. Deveria ter terminado a faculdade.* Não passe a vida olhando o retrovisor, se colocando para baixo, vivendo arrependido. Você não pode fazer nada sobre o passado, mas pode fazer algo agora. Ficar contra si mesmo não o ajuda a ser melhor; pelo contrário, o coloca para baixo. No momento em que pedir a Deus que o perdoe, Ele já o terá perdoado. Por que você não se perdoa? Por que não esvazia a culpa? Por que não desliga as vozes acusadoras? As Escrituras dizem que Deus não se lembra mais dos seus erros. Se alguém está trazendo à tona as coisas negativas do passado, não é Deus; é o acusador tentando enganá-lo a viver condenado.

Falta de Perdão É Como uma Toxina Venenosa

Quanto espaço você está dando para a culpa, a vergonha e o arrependimento, e para ser contra si mesmo? Seja quanto for, é demais. Esse espaço é necessário para as coisas boas que Deus tem para você e que vão levá-lo em direção ao seu destino. Se está dando espaço para a culpa, não terá a confiança de que precisa para seguir em frente, o que fará com que falhe de novo. É um ciclo negativo. O único jeito de quebrar o ciclo é se levantar e dizer: "É isso. Cansei de viver no passado, focado nos meus erros, revivendo minhas falhas e me açoitando. Este é um novo dia. Estou esvaziando essa infecção toda. Vou receber a misericórdia de Deus." É preciso fazer isso com fé, porque cada voz lhe dirá que você é um hipócrita. "Deus não vai perdoá-lo. Olha o que você fez." Não tem nada a ver com o que você fez ou não fez. Tem a ver com o que Jesus já fez.

"Joel, eu cometi muitos erros. Não mereço ser abençoado." Nenhum de nós merece. Isso é a misericórdia, e é por isso que ela é chamada de "Boas-novas". Seus pecados já foram perdoados. Você não precisa se redimir com Deus por seus pecados, porque o preço já foi pago. Quando cair, não fique no chão; levante-se. Quando o acusador sussurrar: "Olhe para você! Errou de novo! Você nunca vai acertar!", apenas responda: "Sim, eu sei que não sou perfeito, mas estou perdoado. Posso não estar onde deveria, mas estou progredindo. Estou avançando. Não estou onde costumava estar." Não deixe a culpa envenenar seu futuro. Esvazie-a.

Enquanto se agarrar à mágoa, à raiva e à amargura, isso não afetará a outra pessoa; infectará você.

Às vezes é difícil esvaziar a negatividade. Quando uma pessoa nos faz mal, nossa natureza humana quer se agarrar à mágoa. Queremos nos tornar amargurados e carregar o rancor por aí. Nós pensamos: *Eu não vou perdoar essa pessoa. Ela não merece.* Mas você não está perdoando por ela, está perdoando por você mesmo. Enquanto se agarrar à mágoa, à raiva e à amargura, isso não afetará a outra pessoa; infectará você. A falta de perdão é como uma toxina venenosa. Pode parecer bom se agarrar a ela, mas ela contaminará a sua vida. Porém, percebo que há momentos em que o tipo certo de raiva é necessário, mas quero que você preste atenção na raiva negativa.

Na maioria das vezes, o motivo pelo qual não perdoamos refere-se ao que a outra pessoa fez. Ela claramente estava errada. Mas, quando você perdoa, não está desculpando o comportamento dela, não está diminuindo a ofensa. Simplesmente está tirando o veneno de dentro de si. É preciso perdoar para poder ser livre. Pare de olhar para isso como se estivesse fazendo um favor à pessoa. Você está fazendo um favor a si mesmo, porque custa muita energia emocional se agarrar a uma mágoa, viver com a falta de perdão. É só acordar e este pensamento já está na sua mente: você pensa em como alguém o fez mal. Pode não perceber, mas está gastando a energia emocional necessária para realizar seus sonhos, seus objetivos, para criar seus filhos. Você não se tornará tudo que foi criado para ser se estiver gastando energia emocional em coisas sem importância. Essa falta de perdão é uma impureza. Sim, o que eles fizeram foi errado, mas você precisa deixar para trás. Precisa se libertar. Quando o fizer, não apenas sentirá uma nova liberdade e terá mais energia, mas Deus será seu defensor. Ele corrigirá seus erros. Não é necessário retribuir às pessoas. Você não é o juiz, Deus é. Deixe com Ele, pois esse juiz vai defendê-lo melhor do que você pode se defender.

Apenas Deixe para Trás

Foi isso que Mary Johnson fez. Mary é mãe solo de um filho. Seu filho tinha 20 anos quando estava em uma festa tarde da noite e foi abordado por um garoto de 16 anos chamado Oshea Israel, que ele nunca vira. Oshea estava bebendo e houve uma discussão entre eles. No calor do momento, Oshea pegou uma arma e matou o único filho de Mary. Ela ficou cheia de raiva e ódio, a ponto de dizer ao juiz que Oshea era um animal que precisava ser enjaulado. Quando ele foi apenas acusado por homicídio de segundo grau, Mary ficou com mais raiva ainda. Ela se tornou reclusa, ficou em casa e não olhava para a foto do filho. Dez anos se passaram.

Finalmente, Mary sabia que era hora de perdoar. Ela podia ouvir uma voz baixa alertando-a para que deixasse isso para trás. Mary entrou em contato com a prisão para ver se poderia visitar Oshea. Eles disseram que sim, mas Oshea disse "não". Ele não faria isso. Ela continuou pedindo e pedindo, e finalmente ele concordou. Quando Mary foi à prisão e viu Oshea, ele deu um grande abraço nela e a agarrou. Eles choraram muito. Mary disse: "Quando eu estava abraçando Oshea, podia sentir a raiva e a amargura se erguendo e saindo do meu corpo." Foi tão forte que ela caiu e Oshea teve que segurá-la. Naquele dia, Mary não só se libertou da falta de perdão, mas

> *Ela podia ouvir uma voz baixa, alertando-a para que superasse isso.*

encontrou um novo filho. Sete anos mais tarde, Oshea foi solto em liberdade condicional e não tinha onde morar. Mary disse: "Você pode ser meu vizinho." Ela o chama de seu "filho espiritual". Mary começou uma organização chamada From Death to Life, para ajudar a trazer a cura e a reconciliação entre famílias de vítimas e aqueles que as fizeram mal. Agora, ela e Oshea saem juntos e falam em conferências e escolas sobre o perdão e a superação da perda.

Mary Johnson disse que o que realmente a ajudou a decidir pelo perdão foi um poema que ela leu sobre duas mães no céu que haviam acabado de virar amigas. Uma mãe perguntou à outra: "Quem é seu filho?" A resposta foi: "Meu filho é Jesus. Eu sou Maria." Então, Maria perguntou: "Quem é seu filho?" A outra mãe respondeu: "Meu filho é Judas." Ouvindo como Maria, a mãe de Cristo, havia se tornado amiga da mãe de Judas, e como elas compartilhavam uma dor em comum, Mary Johnson sabia que precisava estender a mão para a família de Oshea. Agora ela ajuda outras mães a fazerem a mesma coisa. Da sua dor pode vir o seu propósito.

Eu vi uma moça na televisão cujo filho havia sido morto em um acidente muitos anos antes. Eles perguntaram como ela estava, e ela fez esta declaração: "Você nunca supera de verdade, mas pode deixar para trás." Ela estava dizendo: "Sim, é difícil. Sim, houve um período de luto, mas você não precisa continuar no luto. Não precisa viver na amargura. Não precisa ficar preso à tristeza e à depressão. Você pode seguir em frente."

Ao sofrer uma perda, acontecem coisas difíceis de entender, e é fácil pensar: *Eu só preciso superar isso.* Mas às vezes o "isso" é forte demais. Pode colocar muita pressão em nós. Pensamos: *Por que eu me sinto dessa maneira? Devo estar fazendo algo de errado.* Libere a pressão. Você não precisa superar; apenas deixe para trás. Continue seguindo em frente, vivendo um dia de cada vez. Deus disse que nunca dará algo que você não suporte. Você pode não entender por que aconteceu, mas a Bíblia diz: "Deus nos dará uma paz que está além da compreensão." Você não entenderá tudo. Se deixar as questões da vida passarem, terá uma paz que irá além do que você pode entender.

Todos os "Poucos" Somam Muito

No fim da vida de Jesus, ele foi traído por um de seus discípulos, zombado pelos soldados e falsamente acusado de crimes. Agora estava pendurado na cruz, com uma coroa de espinhos, prestes a tomar o último fôlego. Foi quando ele fez algo significativo. Poderia apenas ter morrido e ido para o céu, e nada mais. Em vez disso, disse: "Pai, antes de ir, preciso resolver uma última coisa: perdoa-lhes, pois não sabem o que estão fazendo." Os líderes religiosos e soldados romanos não pediram perdão. Eles não mereciam. Jesus estava dizendo: "Não vou deixar essa terra com nada negativo em mim." Ele estava nos mostrando, por meio do exemplo, como devemos liberar as toxinas, as impurezas.

Jesus estava dizendo: "Não vou deixar essa terra com nada negativo em mim." Ele estava nos mostrando, por meio do exemplo, como devemos liberar as toxinas, as impurezas.

Há uma antiga lenda sobre Leonardo da Vinci. Ela diz que, quando da Vinci estava pintando seu mural da Última Ceia, não conseguia fazer nenhum progresso ao pintar o rosto de Cristo. A lenda continua e diz que da Vinci finalmente percebeu que, até que ele perdoasse outra pessoa pela qual guardava ódio no coração, não poderia completar sua obra-prima. É isso que acontece quando nos agarramos à negatividade. Ela sufoca nossa criatividade. Nós não fazemos nosso melhor trabalho. Tudo isso porque há uma infecção que está nos desacelerando.

Você está permitindo que coisas negativas entrem no seu receptáculo? Para alcançar a completude do seu destino, é preciso operar no potencial máximo. Se tem um pouco de amargura, um pouco de culpa, um pouco de ciúme e mais um pouco de preocupação no coração, todos os espaços desses "poucos" somam muito, e você acaba funcionando com apenas uma fração do seu potencial. Estou pedindo que esvazie tudo isso. Deus está pronto para preencher a sua vida com coisas boas. Ele quer mantê-lo jovem e forte. Faça sua parte e crie espaço para ele. A cada manhã, esvazie a culpa, esvazie a preocupação, esvazie o desencorajamento. Quando as impurezas vierem, quando a infecção vier, não deixe que fiquem. Deixe-as para trás. Mantenha o coração puro. Se fizer isso, vai alcançar um novo nível, com mais alegria, mais paz e mais benevolência.

CAPÍTULO DOIS

Pensamentos de Poder

É fácil andar por aí pensando que o obstáculo é grande demais, que nunca vamos ficar bem, que um vírus ou uma doença nos derrubará. Nós nos perguntamos por que não temos força nenhuma e por que não podemos avançar. É porque nossos pensamentos estão nos limitando. Absorvemos o que pensamos constantemente. Você não pode pensar na derrota e obter a vitória. Não pode pensar na fraqueza e obter a força. Não pode pensar que *não é capaz* e mesmo assim alcançar seus sonhos. Sua vida seguirá seus pensamentos. Em vez de ter pensamentos de fraqueza, derrota e incapacidade, você precisa começar a ter pensamentos de poder. *Essa doença não é páreo para mim. Nenhum vírus pode parar meu destino. Esse problema no trabalho não é como a minha história termina. As forças a meu favor são maiores do que as forças contra mim.* A vitória começa em nossas mentes. Sucesso, descobertas e novos níveis dependem do nosso pensamento.

"Joel, a ameaça de uma pandemia me dá medo. Estou preocupado com minhas finanças. Estou estressado por causa dos meus filhos." Isso atrai mais negatividade, deixando você mais fraco, drenando sua força, sua energia e sua paixão. Você ficará impressionado com o que acontecerá se começar a mentalizar pensamentos de poder. *Nenhuma arma formada contra mim vai prosperar. Deus me tem na palma de Suas mãos. Ele é o guardião da minha alma.* Ele me fez intocável ao inimigo. Quando você focar esses pensamentos, sentirá a força crescendo, junto com a coragem e a determinação. Isso não é apenas ser positivo, é a sua fé sendo liberada.

O escritor de Provérbios diz: "Tenha cuidado com o que você pensa, pois a sua vida é dirigida pelos seus pensamentos." Seus pensamentos estão ajudando ou prejudicando você? Está mentalizando pensamentos de poder, de vitória — o que eu chamo de pensamentos "capazes" — ou está mentalizando pensamentos derrotados, como *Eu nunca vou melhorar, nunca vou alcançar meus sonhos, nunca vou sair desse vício*? Você está escolhendo a direção que sua vida vai tomar. Preste atenção no que há na sua mente. Não pense apenas qualquer pensamento que surgir. Se for um pensamento negativo, desencorajador ou amedrontador, não dê chance a ele. Vire-se e foque o que Deus diz sobre você. Os pensamentos sussurrarão coisas como: *Não há nada de bom no seu futuro. Você já viu seus melhores dias.* Caso se concentre nisso, perderá seu destino. Ignore esse pensamento derrotado e mentalize pensamentos de poder. *Alguma coisa boa acontecerá comigo. A benevolência está me rodeando como um escudo. A bondade e a misericórdia estão me acompanhando.*

Quando você passa por um período difícil, o inimigo trabalha bastante tentando convencê-lo de que o problema é grande demais, de que você nunca deixará de es-

> *Seus pensamentos estão ajudando ou prejudicando você?*

tar endividado, de que seu filho nunca se resolverá. Ele sabe que, se mantiver você derrotado nos pensamentos, também o manterá derrotado na vida. A batalha está acontecendo na sua mente. Os pensamentos dirão: *Nunca vai acontecer. Você não aguenta mais. Apenas desista desse sonho.* Em vez de pensar esses pensamentos fracos, atraindo mais fraqueza, mude. Mentalize pensamentos de poder. *Sim, esse problema é grande, mas eu estou armado com força para cada batalha. Estou cheio do poder de ser capaz. O que Deus começou em minha vida, Ele vai terminar. Essa dificuldade não veio para ficar, veio para passar.* Deus diz que nunca deixará você enfrentar algo que não pode suportar. Ele sempre o dará a graça, a força e a fé para enfrentar o que aparecer no seu caminho. Mas, se você acredita nessas mentiras de que é peso demais, ficará sobrecarregado. Se está focando pensamentos de fraqueza, limitações e incapacidades, ficará preso onde está. Preste atenção ao que está acontecendo na sua mente.

A Vitória Já Está Prometida

Foi isso que aconteceu com os israelitas quando Moisés enviou doze homens para espionar a Terra Prometida. Depois de quarenta dias, dez espiões voltaram e disseram: "Moisés, nós nunca vamos derrotá-los. As pessoas são enormes. Elas pareciam gigantes. Nós não temos chance." Deus já havia prometido a vitória a eles. Já havia dito que essa era a terra deles, mas perceba o que eles estavam mentalizando: pensamentos de fraqueza, derrota, limitação e medo. Os outros dois espiões, Josué e Calebe, voltaram com um relato diferente: "Moisés, nós somos capazes de tomar a terra. Sim, as pessoas são grandes, mas sabemos que nosso Deus é maior. Deixe-nos ir logo e tomá-la." O interessante é que eles viram os mesmos gigantes que os outros dez espiões. Josué e Calebe viram os mesmos problemas, a mesma oposição, a mesma terra, mas, em vez de pensarem na derrota, escolheram mentalizar pensamentos de poder. Eles não eram nem um pouco maiores do que outros espiões, e não tinham mais treinamento, mais experiência ou mais armas. A única diferença era o seu pensamento.

O relatório negativo dos dez espiões começou a se espalhar no campo israelita. Pouco tempo depois, todos os 2 milhões de pessoas que haviam escapado da escravidão no Egito estavam com medo e preocupadas. Elas disseram: "Moisés, vamos voltar ao Egito. Vamos voltar a ser escravos." Nossos pensamentos são poderosos assim. Dez homens infectaram o resto das pessoas, e todos acabaram perambulando no deserto pelos próximos quarenta anos. Tenha cuidado com a forma como você pensa. Não fique infectado, não perca seu destino. Você é um dos dez espiões? "Eu não consigo vencer essa doença. Eu não consigo alcançar meu sonho. Eu não tenho as conexões. Eu tive esse atraso enorme no trabalho, que vai destruir meu negócio." Nenhum dos desafios que você está enfrentando é uma surpresa para Deus. Você não estaria enfren-

> *Josué e Calebe viram os mesmos problemas, a mesma oposição, a mesma terra, mas, em vez de pensarem na derrota, escolheram mentalizar pensamentos de poder.*

tando isso se não pudesse aguentar. Como fez com os israelitas, Deus já lhe prometeu a vitória.

O apóstolo Paulo diz: "Mas graças a Deus, que sempre nos conduz vitoriosamente." Ele não disse *algumas vezes*, ou *na maioria das vezes*; ele disse *sempre*, todas as vezes. Pode ser difícil agora, mas mantenha a perspectiva certa. A vitória está no seu futuro. A cura está no seu futuro, a abundância está no seu futuro, a liberdade está no seu futuro. Os gigantes podem ser grandes, mas Deus é maior. O obstáculo pode ser alto, mas Deus é o Mais Alto. Um vírus pode ser poderoso, mas Deus é Todo-Poderoso. Estou pedindo que você seja um Josué, um Calebe. Mentalize pensamentos de poder, mentalize pensamentos de ser capaz, mentalize pensamentos de vitória. Não olhe para o tamanho do problema. Olhe para a grandeza de Deus. Ele abriu o Mar Vermelho, fechou as bocas dos leões e trouxe os mortos de volta à vida. Aquele obstáculo não é páreo para Ele. Deus não o trouxe até aqui para deixá-lo. Quando você acredita, todas as coisas são possíveis. Faça seus pensamentos correrem na direção certa.

A Bíblia diz: "Vindo o inimigo como uma corrente de águas, o Espírito do Senhor arvorará contra ele a sua bandeira." Você não está lutando essa batalha sozinho. A força mais poderosa do universo está lutando por você, afastando as forças da escuridão, impedindo essa doença de derrubá-lo, tirando as pessoas erradas do caminho, abrindo portas que nenhum homem pode fechar. Ao longo do dia inteiro você precisa dizer: "Eu sou capaz. Eu tenho o poder de ser capaz. Vou superar esse obstáculo. Vou derrotar essa doença. Vou me erguer da falta e da dificuldade. Vou realizar meus sonhos." Quando você pensa e fala assim, o Criador do Universo vai ao trabalho, e milagres são postos em funcionamento.

Não olhe para o tamanho do problema. Olhe para a grandeza de Deus.

Não Pense como Todo Mundo Pensa

É significativo perceber que dez espiões foram negativos e dois foram positivos. Acontece mais ou menos o mesmo hoje em dia. Oitenta por cento das pessoas serão negativas, e vinte por cento serão positivas. Oitenta por cento focarão como o problema é grande e viverão com medo. Elas lhe dirão como você não vai melhorar, e como deve se conformar com o seu estado atual. Se vai realizar o seu destino, você precisa ir contra a corrente. Não pode apenas se encaixar e ficar com medo, como a maioria das pessoas, ou reclamar, como fazem seus colegas de trabalho, ou ser negativo, como seu vizinho. Deus está procurando Josués. Ele está procurando Calebes. Está procurando pessoas que se destaquem. Está procurando pessoas que acreditam quando parece impossível e que não se desencorajam ao ver o tamanho da oposição.

Se isso vai acontecer, você precisa proteger sua mente, porque notícias negativas se espalham mais rápido do que notícias boas. Josué e Calebe disseram: "Nós somos capazes." Essa notícia não foi a lugar algum. Quando as pessoas ouviram que os gigantes eram grandes demais, que elas não tinham chance, essa notícia se espalhou como fogo de palha no campo. O pensamento negativo é contagioso. Há notícias negativas por toda parte ao nosso redor, com analistas nos dizendo como a doença é ruim, como a economia está ruim, o que pode acontecer, como pode piorar. Eu não os culpo, estão fazendo o trabalho deles. É bom ficar informado, mas você não pode deixar que esse veneno permaneça no seu espírito. Se continuar focando isso, você terminará com medo, preocupado, em pânico e pensando que não conseguirá aguentar. Quando você foca pensamentos negativos, eles se tornam um ciclo que continua atraindo mais medo, mais preocupação e mais derrota.

O profeta Isaías diz: "Não chame tudo de conspiração, como eles fazem; não viva com medo do que eles temem. Considere o Senhor dos Exércitos santo em sua vida; é a ele que você deve temer. Ele é quem deve fazê-lo estremecer; ele o manterá seguro." Você não precisa temer o vírus, ou temer o que a economia fará, ou temer o futuro. Continue apenas honrando a Deus, e Ele o manterá seguro. Ele derrotará seus inimigos. Ele fará o que a

O pensamento negativo é contagioso.

medicina não pode fazer. Ele transformará seu filho. Ele vai libertá-lo daquele vício.

Deus diz que você não deve pensar como as outras pessoas pensam. Não pense como os dez espiões. Quando a maioria está com medo, preocupada e é negativa, você precisa estar na ofensiva e dizer: "Não, não cairei nessa armadilha. Não vou mentalizar pensamentos fracos e derrotados. Vou mentalizar pensamentos de poder. Sei que meu Deus está no trono. Sei que ele estar a meu favor é maior do que o mundo estar contra mim. Eu sou plenamente capaz de realizar meu sonho. Vou derrotar esse vício. Vou vencer essa oposição. Tenho força para todas as coisas."

Daqueles 2 milhões de pessoas, as únicas que chegaram à Terra Prometida foram Josué e Calebe. Não é uma coincidência o fato de que eles foram os únicos que mentalizaram pensamentos de poder. Você não pode alcançar seu destino se mentalizar pensamentos negativos e limitantes.

Fortaleça Sua Mente

Há uma trilha de bicicleta que eu gosto de percorrer com frequência. A rota leva quase uma hora e é plana na maior parte, mas há uma única colina grande. Subir essa colina requer esforço. Eu gosto de me exercitar e sempre me preparo mentalmente para essa colina. Desfruto do desafio. Mas, em um dia em particular, eu estava cansado. Tinha trabalhado pesado alguns dias antes, estive viajando muito e não estava dormindo o suficiente. Dez minutos após começar a pedalar, pensei: *Eu não quero subir a colina. Não estou com vontade. Não tenho força. Não quero me esforçar.* Continuei receando a subida, dizendo a mim mesmo repetidas vezes como seria difícil, imaginando se conseguiria. Em um dado momento, recebi uma chamada telefônica. Coloquei no viva-voz e comecei a falar. Enquanto pedalava, conversei. Cerca de vinte minutos depois, desliguei.

Voltei a pensar na viagem de bicicleta. *Ok, eu não quero subir a colina.* Mas, quando olhei ao redor, percebi que já a tinha subido. Subi enquanto estava conversando, mas, porque estava distraído, sem pensar em como seria difícil, sem me convencer de que eu não conseguiria, subi a colina sem problemas. Minhas pernas não estavam ardendo e eu não estava sem ar. Não me senti nem um pouco mais cansado do que já estava. Nem me lembro de ter subido. Imagino quantas coisas dizemos a nós mesmos que não somos capazes de fazer, e que são como essa colina. "Não posso lidar com essas pessoas injustas no trabalho. Não posso aguentar esse desafio na minha saúde. Não posso perder peso." Estamos receando as coisas, mentalizando pensamentos fracos e derrotados, quando a verdade é que já fomos equipados para aguentar. Nós temos a força para todas as coisas.

Quando Deus criou você, ele o equipou com tudo aquilo de que precisa para cumprir o seu destino. Agora pare de dizer a si mesmo o que não é capaz de realizar e como não vai funcionar. Tudo que isso está fazendo é drenar a sua força. Quando chegar àquela colina, você descobrirá que é mais fácil do que pensou. Terá uma força que não sabia que tinha. É como quando seu carro está subindo uma colina e os cilindros extras entram em ação para dar mais poder. Quando for preciso, a graça de Deus entrará em ação e ajudará você a fazer o que não achava que era capaz. O ponto-chave é: não cancele a força com pensamentos fracos.

Toda manhã, quando acordar, você precisa se energizar e direcionar sua mente ao caminho certo. Este será um bom dia. Eu posso lidar com qualquer coisa que aparecer no meu caminho. Eu sou forte. Eu sou confiante. Eu tenho a benevolência de Deus. Os anjos estão olhando por mim. Estou animado com meu futuro. Configure sua mente para a vitória no começo de cada dia. Não deixe qualquer pensamento passar. Você precisa mentalizar pensamentos que tenham propósito. Se acordar e pensar qualquer coisa que apareça na mente, os pensamentos lhe dirão: *Você tem problemas demais. Está muito cansado. Nunca vai superar esse obstáculo. Nada de bom acontecerá hoje.* Se não estabelecer o tom do dia, pensamentos negativos o farão por você. Antes de conferir seu celular, antes de ler seu e-mail, antes de ver como está o tempo, mentalize

Se não estabelecer o tom do dia, pensamentos negativos o farão por você.

pensamentos de poder, de vitória, abundância e capacidade. Pensamentos que tenham propósito.

Entre em Sintonia

O Salmo 125 diz: "Senhor, trata com bondade os que fazem o bem, os que têm coração íntegro." Perceba que você pode estar em sintonia ou fora de sintonia com Deus. O modo de entrar em sintonia é mentalizando pensamentos vitoriosos, de superação e cheios de fé. Se anda por aí pensando algo como *Eu nunca vou melhorar* ou *Essa depressão/essa ansiedade/esse vício vai me entravar a vida toda*, infelizmente você não está em sintonia com Deus. Em lugar nenhum nas Escrituras você vê Deus dizendo: "Eu sou fraco. Sou desencorajado. Tenho medo. O inimigo está me vencendo." Deus diz: "Eu sou Todo-poderoso. Eu criei mundos com minha palavra. Eu fiz as estrelas no espaço." Quando Moisés perguntou a Deus o nome Dele, a resposta foi: "Meu nome é EU SOU." Ele estava dizendo: "Eu sou tudo. Sou força. Sou cura. Sou provisão. Sou abundância. Sou proteção. Sou benevolência." Quando Deus disse: "Que haja luz", ela veio a 300 mil quilômetros por segundo. Um anjo no Velho Testamento destruiu 185 mil soldados em um exército de inimigos de Israel. Se você entrar em sintonia com Deus, não pode mentalizar pensamentos pequenos, fracos e derrotados e esperar que funcione. É preciso mentalizar pensamentos ambiciosos e benevolentes, de abundância, cura e vitória.

A oposição pode ser muito maior e mais forte. Apenas concorde com o que Deus diz. "Senhor, você diz que, quando o inimigo vier contra mim um dia, você vai derrotá-lo e fazer com que ele fuja de sete maneiras diferentes." Quando os pensamentos lhe dizem: *Você nunca vai melhorar,* entre em sintonia com Deus e diga: "Senhor, obrigado por estar recuperando minha saúde. Obrigado pelos meus dias, que você preencherá." Se vier um pensamento dizendo: *Esse contratempo destruiu financeiramente meu ano... Só me resta aceitar e esperar o próximo,* você precisa responder: "Senhor, sou grato. A economia não é a minha fonte. Você é a minha fonte. Você disse que faria rios nos desertos e riachos nos locais inférteis." Quando vem o pensamento: *Você nunca terá um bebê. Você ouviu os especialistas. Não é possível,* diga: "Pai, você diz que aquilo que é impossível para as pessoas é possível para Deus. Você diz que fará a mulher infértil ser uma mãe feliz de crianças. Então, Pai, sou grata a você porque meu bebê está a caminho."

A maneira de entrar em sintonia com Deus é pensar no que Ele diz sobre você — não o que você diz, não o que parece, não o que os especialistas ou o que a economia diz. Entre em sintonia com o que o Deus Maior falou de você. A Bíblia afirma: "Você vai acreditar no relato de quem?" Acreditará no que os dez espiões estão dizendo, no relato negativo que afirma que você não é capaz e que diz como é muito difícil? Ou no que Josué e Calebe estão dizendo e em como você é capaz?

Quem Disse Isso?

> *A maneira de entrar em sintonia com Deus é pensar no que Ele diz sobre você.*

Quando meu pai foi se encontrar com o Senhor e eu assumi o lugar de pastor da igreja, todos os pensamentos me disseram que eu não seria capaz. Eu não era qualificado. Não tinha o treinamento. Era quieto demais. Se eu tivesse acreditado nesse relato, teria perdido meu destino. É por isso que as Escrituras dizem: "Tenha cuidado com o que você pensa." Elas nos dão um aviso. Seus pensamentos definem os limites para a sua vida. Tudo que veio à minha mente foram pensamentos negativos, temerosos e intimidadores. Tive que fazer o que estou pedindo que você faça. Não continuei a pensar essas coisas porque elas surgiram. Não acreditei que eram verdade. Eu as ignorei e entrei em sintonia com Deus. Pensei de propósito: *Eu posso fazer todas as coisas em Cristo. Tenho força no Senhor. Fui criado para um momento como esse. Pai, sou grato a Você por ser preparado, forte e ungido.*

Os pensamentos me disseram: *Ninguém vai ouvi-lo, Joel. Você não tem nada a dizer.* Em vez de acreditar nessas mentiras, eu dizia: "Pai, sou grato porque Sua benevolência está me fazendo ser um destaque. Sou grato pelo fato de que as pessoas gostarão de mim e serão levadas até mim. Quando elas me virem na televisão, ou na rádio, ou na internet, vão se conectar. Não conseguirão desligar." Se eu não tivesse entrado em sintonia com Deus e mentalizado esses pensamentos de poder, não estaria onde estou hoje.

Quando Adão e Eva estavam no Jardim do Éden, comeram a fruta que Deus disse para não comerem, então correram e se esconderam. Deus foi em busca deles e disse: "Adão, onde está você?" Adão respondeu: "Estamos nos escondendo, porque estamos nus." Deus respondeu: "Adão, quem lhe disse que vocês estavam nus?" Deus sabia que o inimigo havia falado com ele. Deus está dizendo a você: "Quem lhe disse que você não é qualificado? Quem lhe disse que cometeu erros demais? Quem lhe disse que veio da família errada e que nunca será bem-sucedido?" Essas são as vozes erradas para escutar. Ignore-as e entre em sintonia com Deus. Quando os pensamentos disserem *Você é apenas mediano. Não há nada de especial em você,* livre-se desses pensamentos derrotados e mentalize pensamentos de poder. *Eu fui criado de forma maravilhosa e temente*

Se entrar em sintonia com Deus, Ele abrirá portas que ninguém pode fechar.

a Deus. Sou uma obra-prima. Tenho sangue real correndo em minhas veias. Sou coroado com benevolência. Deixarei a minha marca. Se entrar em sintonia com Deus, Ele abrirá portas que ninguém pode fechar. Ele o levará aonde você não pode ir sozinho.

Quando os pensamentos disserem: *Você passou por coisas demais. Perdeu alguém amado. Seu negócio não resistiu. Seu amigo o abandonou. Não há nada de bom no seu futuro,* não acredite nessas mentiras. Entre em sintonia com Deus e diga: "Pai, sou grato pela beleza que o Senhor dá a essas cinzas. Sou grato porque, aquilo que foi feito para o meu mal, Você está transformando em minha vantagem." Quando você está em sintonia com Deus, Ele o recompensa. O profeta Isaías diz: "Ele lhe dará em dobro pelas coisas injustas que aconteceram." Em vez de pensar que seus melhores dias ficaram para trás, você pode dizer: "Senhor, sou grato porque o dobro está a caminho. Sou grato porque meus últimos dias serão melhores do que meus dias passados."

Livre-se de Qualquer Pensamento de Cachorro Morto

Na Bíblia, havia um homem jovem chamado Mefibosete, que era neto do Rei Saul e filho de Jônatas, melhor amigo de Davi. Mefibosete nasceu na realeza, destinado a ocupar o trono um dia. Mas, aos cinco anos, seu avô e seu pai foram mortos em batalha. Quando a notícia chegou ao palácio, a mulher que tomava conta dele o pegou e saiu correndo, com medo de que o exército inimigo viesse matá-lo. Na pressa, ela derrubou Mefibosete acidentalmente, fraturando as duas pernas dele. Ele ficou com uma deficiência pelo resto da vida. Às vezes pessoas com boas intenções podem derrubar você. Essa cuidadora tinha boas intenções; ela estava tentando ajudá-lo, mas o derrubou. Anos se passaram, e Mefibosete terminou vivendo no exílio em uma cidade chamada Lo Debar, uma das mais pobres e precárias da época. *Lo Debar* significa "sem pasto". Era como uma terra arrasada, sem verde, sem lugar para plantar. Mefibosete, o neto do rei, que tinha a realeza no sangue e havia morado no palácio, estava agora morando nas favelas, mal sobrevivendo.

Um dia, o Rei Davi estava pensando em seu amigo Jônatas. Então, perguntou a seus homens se algum dos parentes de Jônatas ainda estava vivo, para que ele pudesse demonstrar bondade a essa pessoa. Um antigo servo da casa de Saul contou a Davi sobre Mefibosete. Os homens de Davi procuraram pelas favelas de Lo Debar e finalmente encontraram Mefibosete, que agora era um homem crescido. Tiveram que carregá-lo de volta para o palácio de Davi. Tenho certeza de que Mefibosete estava com medo, pensando que seria punido ou morto porque seu avô, o Rei Saul, havia tentado matar Davi, mas aconteceu o oposto. Davi foi incrivelmente gentil com ele, dizendo: "Daqui em diante, você vai morar no palácio comigo. Toda noite, você comerá o jantar na minha mesa. Restituirei a você toda a terra que pertencia ao seu avô, o Rei Saul." Mefibosete ficou tomado de emoção. Ele não conseguia acreditar no que estava acontecendo. Mas o modo como respondeu à bondade de Davi mostra por que estava morando em Lo Debar todos aqueles anos. Ele disse: "Por que você seria tão gentil com um cachorro morto como eu?" Perceba seus pensamentos fracos e derrotados dizendo *"Eu não mereço ser abençoado. Tive muitas perdas. As pessoas me derrubaram"*.

Imagino quantos de nós estamos fazendo o mesmo que Mefibosete. Somos filhos e filhas do Deus Maior. Temos a realeza em nosso sangue e estamos destinados a reinar em vida. Mas, porque fomos derrubados — alguém nos fez mal, passamos por decepções, as coisas não foram justas —, agora estamos morando em Lo Debar, pensando que não merecemos ser abençoados. Ou porque nós cometemos erros, nos desviamos do caminho e arrumamos problemas, pensamos que temos apenas que sentar nas margens, nos virar pela vida e aceitar que nossos sonhos nunca se realizarão. Posso encorajá-lo a se livrar desse pensamento de cachorro morto? Nada que aconteceu com você precisa mantê-lo afastado do seu destino. Você pode ter passado por algumas situações ruins, mas isso não parou o plano de Deus para a sua vida.

Imagino quantos de nós estamos fazendo o mesmo que Mefibosete.

Agora você precisa fazer a sua parte. Pare de mentalizar pensamentos limitados, derrotados e sem valor e comece a mentalizar pensamentos de vitória, abundância e benevolência. Endireite os seus ombros, erga sua cabeça e lembre-se de quem você é: um filho do Deus Maior. Entre em sintonia com Ele. Assim como os homens de Davi partiram numa busca em Lo Debar, Deus está buscando você hoje. Ele está dizendo: "Estou prestes a fazer algo novo. Estou prestes a retribui-lo por tudo de errado. Estou prestes a abrir novas portas e transformar situações negativas." Assim como Mefibosete, você ficará maravilhado com a bondade de Deus.

O que Você Está Pensando?

Estou pedindo que preste atenção no que está pensando. Você está atraindo aquilo que está constantemente ruminando. Seus pensamentos estão dirigindo a sua vida. O que você está pensando é o que você quer? Está mentalizando pensamentos fracos, derrotados e de incapacidade ou está mentalizando pensamentos de poder, como *Eu sou capaz. Deus está lutando minhas batalhas. Algo de bom está no meu futuro*? Não seja como os dez espiões, os 80% que são negativos. Destaque-se na multidão. Seja um Josué, seja um Calebe e mentalize pensamentos de vitória. Se fizer isso, eu acredito e declaro que, assim como Josué e Calebe, você alcançará sua Terra Prometida. Você verá Deus aparecer na sua vida. Como Mefibosete, tudo que você perdeu, Deus está prestes a restituir. A saúde, as finanças e os sonhos virão à sua procura.

O que você está pensando é o que você quer?

CAPÍTULO TRÊS

Uma Atitude Nova em Folha

Estudos mostram que sua atitude terá um impacto maior no seu sucesso do que o seu QI. Você pode ser extremamente talentoso e ter um potencial incrível, mas uma atitude ruim vai impedi-lo de crescer. Nós gastamos tempo e dinheiro demais para ter certeza de que nosso exterior tem uma boa aparência — nos alimentando de modo saudável, nos exercitando e vestindo a última moda. Isso tudo é bom, mas muitas vezes não estamos gastando tempo nenhum no que há por dentro. Roupas boas não cobrirão sua atitude azeda. Um rosto bonito não pode esconder uma amargura interior.

Quando eu estava no colégio, havia uma garota nova que tinha se mudado para a cidade e entrado em nossa turma. Ela era linda, de tirar o fôlego. Eu era tão tímido que não tinha sequer coragem de falar com ela. Eu só a admirava a distância. Durante meu último ano, cursei uma disciplina na mesma turma que ela. Indicaram nossos assentos e, por acaso, eu estava sentado bem ao lado dela. Pensei que havia morrido e ido para o céu. Na primeira vez que sentamos lado a lado, eu me virei e disse "olá", sendo apenas amigável, nada mais. Ela olhou para mim como se eu a tivesse insultado e ficou totalmente ofendida. Virou-se para o outro lado, ergueu o nariz e não disse uma palavra para mim durante o semestre inteiro. Ela era linda por fora, mas, para ser honesto, era feia por dentro. Eu nunca mais a enxerguei da mesma forma. Uma atitude ruim deixa você pouco atraente. Passa por cima do que há por fora. É importante ser atraente e desenvolver talentos, obter uma boa educação e ficar em forma, mas é mais importante manter uma boa atitude. Ninguém quer ficar perto de uma pessoa azeda, crítica e condescendente.

O apóstolo Paulo diz: "Vista-se com o que Deus escolheu para você: bondade e compaixão." Como pai, às vezes você escolhe as roupas dos seus filhos. Nosso Pai celestial escolheu algo para todos nós vestirmos: bondade. Devemos ser bons com as pessoas, ser agradáveis de estar por perto. Quando você é gentil, atrai gente. Quando é bem-humorado e amigável, as oportunidades vêm. As pessoas querem fazer negócios com quem elas gostam e podem contar. Quando estamos contratando alguém, o currículo dessa pessoa nos diz o que ela pode fazer, quais são suas habilidades, sua educação e o histórico de seu trabalho. Mas sempre fazemos entrevistas, porque queremos avaliar sua atitude. Essa pessoa é positiva, amigável, gentil e atenciosa? Nós podemos encontrar alguém com habilidades e histórico similares. A questão verdadeira é: ela tem a atitude que nos levará para cima? Ela pode ser talentosa, mas uma atitude negativa puxará a equipe para baixo. Sua atitude

> *Sua atitude pode compensar a falta de experiência, de treinamento e de talento.*

pode compensar a falta de experiência, de treinamento e de talento.

"Joel, eu sempre fui meio negativo, sarcástico e condescendente. É apenas quem eu sou." Não, isso é quem está escolhendo ser. Não é quem você é. Talvez tenha sido criado assim, foi isso que viu de exemplo quando estava crescendo, mas não é isso que precisa continuar a ser. Tente ser gentil, atencioso e agradável. Você não apenas aproveitará mais a vida, mas irá além e as pessoas vão tratá-lo melhor.

Preste Atenção no Seu Indicador de Atitude

Na cabine de um avião há um instrumento chamado "indicador de atitude". Ele mostra como o avião está nivelado em relação ao horizonte da Terra. Se o piloto quiser subir, ele coloca o nariz do avião para o alto; se quiser descer, coloca-o para baixo. É o mesmo princípio na vida. Se você tem uma atitude de nariz para cima, se é positivo, se enxerga o melhor, se é bom para as pessoas, se tem um sorriso, se decide aproveitar o dia... continua a subir cada vez mais alto. Você verá a bondade e a benevolência de Deus. Mas se é azedo, se não quer ir para o trabalho, se é difícil de lidar, se está amargo por causa de decepções, a sua atitude é de nariz para baixo, e você vai nessa direção. Às vezes somos desencorajados por causa do que fazemos conosco. Não é o nosso inimigo, é a nossa atitude.

A boa notícia é que tudo que você precisa fazer é um ajuste de atitude. Não é complicado. Você não pode mudar outras pessoas e não pode mudar suas circunstâncias, ou mudar a forma como foi criado, ou quem são seus pais, mas pode mudar sua atitude. Há muitas coisas sobre as quais não temos controle. A única coisa que você sempre pode controlar é sua atitude. Eu viverei esse dia amargo, desencorajado e ressentido, ou viverei com fé, esperança, gentileza, felicidade e enxergando o melhor? Essa é uma decisão que precisamos tomar todo dia. Se optar por uma boa atitude, precisa fazer isso de propósito, porque todos os tipos de coisas negativas tentarão tomar conta: desânimo, autopiedade, amargura. Se você não é proativo e não escolhe a atitude certa, a atitude errada aparecerá.

Quando um piloto faz uma pequena mudança e altera a direção do nariz do avião só um pouco para cima, o avião sobe milhares de metros em meia hora. Eu me pergunto o que aconteceria na sua vida se você fizesse uma pequena mudança de atitude. Em vez de ir amargo para o trabalho, receando o dia e se sentindo desvalorizado, o que aconteceria se aparecesse com um sorriso, sendo grato pela posição que tem, sabendo que não está trabalhando para as pessoas e que Deus está guardando os registros? É isso que permite que Deus mude as coisas. O que aconteceria no seu casamento se você fizesse um pequeno ajuste de atitude? Em vez de ser condescendente e difícil de lidar, por que não ser gentil, amoroso e atencioso? E se, em vez de dizer coisas dolorosas e críticas, você mordesse a língua? E se começar a elogiar, dizendo a seu cônjuge o quanto o ama e como você é abençoado por tê-lo? Apenas um simples ajuste, levando sua atitude para o alto, e observe como seus relacionamentos começarão a melhorar.

Se você não é proativo e não escolhe a atitude certa, a atitude errada aparecerá.

Talvez você tenha vivido términos ruins e a vida não o tratou de modo justo. É fácil viver amargurado, ressentido e focado no que deu errado: essa é uma atitude de nariz para baixo. Você está configurando a direção para a qual quer ir. Por que não vira o nariz para cima? *Não foi justo, mas eu sei que Deus é meu juiz. Deus está lutando minhas batalhas. Ele prometeu me pagar em dobro. Estou esperando a benevolência de modo grandioso.* Mantenha essa atitude para cima e você verá que Deus compensa o que deu errado.

Uma Nova Atitude Espiritual e Mental

Foi isso que José fez. Ele foi traído por seus irmãos, vendido como escravizado no Egito, falsamente acusado de um crime e colocado na prisão. Foi maltratado por muitos anos. A vida não foi justa com ele. José estava fazendo a coisa certa, mas a coisa errada continuou acontecendo. Ainda assim, você nunca lê que José reclamou, que ficou amargo ou que começou a desistir. Apesar de todas as injustiças, ele manteve sua atitude de nariz para o alto. Continuou fazendo a coisa certa, continuou sendo bom para as pessoas e continuou agradecendo a Deus por Ele estar no controle. Treze anos depois, Deus o restituiu e o fez o primeiro-ministro do Egito. A situação pela qual você está passando pode não ser justa. As pessoas podem estar tratando você mal. Seria fácil ficar desencorajado e viver amargo. É um teste. Deus está vendo o que você fará em tempos difíceis. Muitas pessoas vivem de nariz para baixo e sua atitude as impede de ver a justiça e a restituição. Se fizer como José e mantiver o nariz virado para o alto, continuará fazendo a coisa certa, continuará sendo bom para as pessoas que não são boas com você, manterá um sorriso e uma canção de louvor. Isso não é apenas ser positivo, mas é ter uma atitude de fé. É o que permite que Deus apareça em sua vida.

A Bíblia diz: "Vista um manto de louvor em vez do espírito deprimido." Um manto é como um agasalho. Antes de vestir um manto de louvor, você precisa tirar o manto deprimido. Às vezes nos perguntamos por que não temos alegria nenhuma, por que não temos paixão. Estamos vestindo o manto errado. *Não há nada de bom no meu futuro. Nunca tenho sossego*. Deixe-me oferecer uma dica de moda. Aquele manto de desencorajamento não fica bom em você. O manto da autopiedade está fora de moda. Aquele manto de amargura por causa de quem o deixou e do que você não alcançou não cabe mais em seu corpo. Está impedindo-o de chegar a uma nova estação. Agora faça a sua parte e tire esse velho manto deprimido. Tire esse manto de culpa e coloque o manto de louvor. "Pai, agradeço porque seus planos para mim são bons. Agradeço por você terminar o que começou na minha vida." Se subirá como um avião, precisa levantar o nariz, ajustar sua atitude. Você não pode ter uma mentalidade derrotada e viver uma vida vitoriosa.

O apóstolo Paulo escreveu aos crentes em Efésios: "É preciso que o coração e a mente de vocês sejam completamente renovados." Ele estava dizendo que você precisa ter uma nova atitude todo dia, porque a atitude de ontem ficará velha. Se não recomeça renovado, traz toda a

> *Às vezes nos perguntamos por que não temos alegria nenhuma, por que não temos paixão. Estamos vestindo o manto errado.*

negatividade de ontem para hoje. Se fizer isso semana após semana, mês após mês, logo será crítico, negativo... aquela pessoa que só enxerga o pior. *Eu não gosto do meu trabalho. Esse congestionamento é horrível. Minha casa é muito pequena. Eu nunca melhorarei.* Você sabe o que é isso: uma atitude velha. Algumas pessoas não vestem uma atitude nova há anos. Elas se perguntam por que tudo é um fardo, por que tudo é tão pesado. É a atitude delas.

Quando você acorda toda manhã, precisa dizer: "Pai, agradeço pelo dia de hoje. Agradeço por ter me acordado e me dado ar para respirar. Agradeço por ter me rodeado de benevolência. As coisas podem não ser perfeitas, mas sei que você está no trono. Sou grato por estar vivo. Sou grato por minha família. Sou grato pelas oportunidades e vou aproveitar esse dia ao máximo." Isso é vestir uma atitude novinha em folha. Você recomeça do zero. Livre-se das decepções de ontem, livre-se do que não funcionou e conduza sua mente na direção certa. "Eu verei o bem hoje. Eu serei gentil com os outros. Eu manterei a fé e aproveitarei esse dia."

Não Espere para Mudar

Imagine não mudar de roupa por trinta anos, vestindo as mesmas peças e nunca as lavando. Elas estariam sujas e fedorentas. Ninguém desejaria estar perto de você. Acontece a mesma coisa com a nossa atitude. Uma atitude velha afastará as pessoas. Uma atitude amarga impedirá você de ser promovido. Uma atitude fedorenta impedirá que seus sonhos se realizem.

Conheço um homem que estava sempre encontrando falhas em seu empregador. Ele desafiava constantemente as políticas da empresa e resistia ao sistema. A administração era boa com ele, todo mundo em seu departamento adorava a empresa. Mas ele sempre achava alguma coisa para reclamar. Por exemplo, a política da empresa era a de que empregados tinham que estar no trabalho às 8h. A atitude dele era a de que, se ele estivesse na propriedade da empresa às 8h em ponto, no sentido de estar com o carro estacionado no estacionamento antes da longa caminhada até o escritório, isso significava que ele era pontual, e eles não poderiam fazer nada em relação a isso. Não era o que as pessoas pensavam, mas ele continuou agindo a seu próprio modo, sendo contencioso. Após muitos anos, foi demitido e perdeu uma posição proeminente.

Esse homem foi trabalhar em outra empresa e fez a mesma coisa. Continuou desafiando as políticas, sendo difícil de lidar. Um dia ele foi não apenas despedido, mas a segurança foi chamada para escoltá-lo até a saída do prédio, e ele ouviu que sua presença não era mais permitida na propriedade. O que estou dizendo? Uma atitude ruim seguirá você por toda parte. Nós podemos mudar de emprego, pensando que outras pessoas são o problema, mas às vezes nós temos que olhar para dentro e ver se somos o problema. Será que tenho uma atitude amarga, que estou sendo difícil de lidar, que estou focado na negatividade, sendo crítico e buscando falhas? Esse homem era talentoso, esperto e tinha um grande futuro à sua frente, mas vivia com o nariz para baixo. Sua atitude o levou à direção errada. Com um

> *Uma atitude ruim seguirá você por toda parte.*

simples ajuste, sua história seria diferente. Ele estaria em outro nível.

Sua atitude está levando você à qual direção? No seu casamento, você é gentil, amoroso e divertido? Na sua carreira, é positivo, sendo o seu melhor, ajudando os outros? Ou precisa fazer um ajuste? Não espere até algo grande acontecer: o relacionamento acabar, a empresa dizer que não precisa de você, a equipe afirmar que você não está ajudando o suficiente. Faça a mudança agora. Livre-se de qualquer coisa que esteja puxando-o para baixo — sarcasmo, condescendência, busca por falhas. Essa atitude velha não cheira bem. Ela vai manchá-lo aonde você for.

A Sua Janela Está Limpa?

Um casal havia se mudado para um novo bairro. Em uma manhã, enquanto tomavam o café da manhã, a esposa olhou pela janela e viu a vizinha pendurando a roupa para secar. Ela percebeu que a roupa estava encardida e suja, então disse ao marido: "Essa moça não sabe como lavar a roupa. As roupas não estão limpas. Será que ela usou sabão?" Dia após dia, a esposa fazia o mesmo comentário. "Eu não consigo acreditar que aquela moça não sabe lavar a roupa." Algumas semanas depois, ela olhou pela janela e as roupas da moça estavam tão limpas e brilhantes quanto poderiam estar. Ela ficou tão surpresa que chamou o marido e disse: "Olha! A vizinha finalmente aprendeu a lavar a roupa. O que será que aconteceu?" O marido sorriu e disse: "Querida, eu levantei cedo hoje e limpei a nossa janela." O problema não eram as supostas roupas sujas da vizinha, mas a janela suja pela qual essa mulher olhava.

Analisar o quão sujas estão as roupas do vizinho depende do quão limpa está a sua janela. As Escrituras dizem: "Todas as coisas são puras para os puros." Se você está sempre encontrando a falha, reclamando do tráfego, sendo crítico com seu cônjuge e focando o que não funciona, permita-me sugerir que sua janela está suja. O pro-

Se você está sempre encontrando a falha, reclamando do tráfego, sendo crítico com seu cônjuge e focando o que não funciona, permita-me sugerir que sua janela está suja.

blema não é externo, é interno. Você está olhando através de um filtro contaminado. Em um dado momento, precisa olhar no espelho e dizer: "Talvez seja eu que precise mudar. Se sou sempre crítico, talvez tenha desenvolvido um hábito de enxergar o negativo em vez do positivo. Talvez eu tenha me treinado para ser cínico e sarcástico em vez de gentil e amoroso. Talvez meu filtro esteja sujo."

É incrível a diferença de levantar toda manhã e vestir uma nova atitude. *Estou animado hoje. Não preciso ir ao trabalho, mas posso ir ao trabalho. Sou grato por ter um emprego. Não reclamarei do tráfego. Sou grato por ter um carro. Não vou focar o que está errado. Pai, sou grato pelo que está certo em minha vida.* Sabe o que você está fazendo? Limpando sua janela.

O Arranjo em Sua Mente

Um homem de 92 anos estava se mudando para uma casa de repouso para idosos. Apesar de conseguir ver imagens, ele era legalmente cego. Sua esposa de 70 anos havia acabado de falecer. Após o idoso esperar pacientemente no saguão, uma jovem enfermeira o levou para o quarto. Enquanto ela manejava o andador dele pelos corredores, começou a descrever os detalhes do quarto. Ela contou como tinha uma linda janela, um bom sofá e uma escrivaninha. Bem no meio da descrição, ele a interrompeu e disse: "Eu amo! Eu amo! Eu amo!" Ela riu e disse: "Senhor, você ainda não viu o quarto. Espere só um momento. Estamos quase lá." Ele disse: "Não! Se eu vou gostar ou não do meu quarto não depende de como os móveis estão arranjados. Depende de como a minha mente está arranjada."

É desse modo que deveríamos viver. *Eu já decidi que aproveitarei este dia. Eu já decidi que terei um ano abençoado.* A vida é curta demais para vivê-la amargo, desencorajado e deixando as circunstâncias ditarem sua atitude. Toda manhã você precisa tomar uma decisão: "Este é o dia que o Senhor fez. Eu vou viver com fé. Serei positivo. Farei o bem. Aproveitarei o dia ao máximo." Aquele homem poderia ter ficado azedo porque perdeu a visão, amargo porque a esposa faleceu e desencorajado porque estava se mudando de casa. Ele aprendeu este segredo: todo dia vestia uma atitude nova em folha.

"Joel, tive uma infância ruim, meu cônjuge me abandonou e fiquei doente." Todos nós podemos encontrar motivos para ter ressentimento, para viver amargurados. Você precisa deixar as coisas passarem. O que aconteceu no seu passado não pode mudar o que Deus tem para o seu futuro. Deus não teria permitido o que aconteceu se isso fosse afastar você do seu destino. Mas, se andarmos por aí desencorajados e nos perguntando "Por que essa pessoa me fez mal? Por que eu perdi alguém amado? Por que meu negócio desacelerou?", isso amargará nossa atitude e nos manterá afastados das novas coisas que Deus guardou para nós. A Bíblia diz: "A chuva cai nos justos e nos injustos." Ninguém está livre das dificuldades. Mas, se mantiver a fé, esse contratempo vai prepará-lo para Deus aparecer na sua vida. Em vez de ser amargo, vista uma nova atitude: *Deus, Você disse que me daria a beleza no lugar das cinzas. Disse que pegaria o que foi feito para me fazer mal e transformaria para o meu bem. Então, Senhor, sou grato porque não estou apenas saindo dessa, mas estou saindo melhor.*

Não Se Alimente do Veneno do Questionamento

Nas Escrituras, Jó passou por uma grande provação. Não foi justo. Ele não havia feito nada de errado, mas tudo se virou contra ele. Primeiro, ficou desencorajado e reclamou. Somos todos humanos e é fácil ter uma atitude ruim. Mas Jó a transformou. Quando parecia que estava tudo acabado, que não havia motivo para ter esperança, Jó olhou para os céus e disse: "Eu sei que meu Redentor vive." Ele estava dizendo: "Eu sei que Deus ainda está no trono. Sei que Ele é maior do que isso que estou enfrentando." Jó tomou essa decisão para vestir uma atitude nova em folha. Se tivesse se tornado amargurado e bravo, nós não estaríamos falando sobre ele. Quando tudo passou, Jó saiu com duas vezes o que tinha quando o julgamento começou.

> *Ele aprendeu este segredo: todo dia vestia uma atitude nova em folha.*

Em tempos difíceis, é tentador ficar azedo e dizer "Não entendo isso. Eu estava fazendo a coisa certa, dando o meu melhor, e esse contratempo veio do nada". Você precisa fazer como Jó fez: traçar o limite e dizer "Não vou passar pela vida com uma atitude ruim. Não deixarei que o que aconteceu comigo, o que não funcionou ou quem me fez mal me impeça de me tornar quem eu fui criado para ser. Pai, sou grato por Você lutar minhas batalhas. Você estar a meu favor é maior do que o mundo estar contra mim". É isso que permite que Deus faça de você alguém melhor. Mas, muitas vezes, nos agarramos a mágoas, decepções e coisas que não entendemos. Isso envenena nossa atitude, tira nossa paixão e nos torna negativos e críticos. Você precisa deixar para trás e parar de voltar a isso. Está acabado. Siga em frente.

A Bíblia fala sobre como Deus criou você para ser uma águia e voar. A alimentação primária de uma águia-de-cabeça-branca é composta de peixes vivos, mas, se ela encontra a carcaça de um veado, vai se alimentar da carne morta e voltar a ela várias vezes. O problema é que, se aquele veado tiver chumbo no corpo por causa da bala de um caçador, a águia pode se tornar gravemente doente e até morrer de envenenamento por chumbo. Se você vai se tornar uma águia, se vai voar, não pode voltar para as coisas mortas da sua vida, que o envenenarão. Muitas pessoas estão se alimentando do que não funcionou, revivendo as decepções, os fracassos, os términos ruins. Quando elas acordam de manhã, a primeira coisa em que pensam são as mágoas, as perdas, a pessoa que fez mal a elas. Pare de se alimentar dessa comida morta. Você não pode colocar veneno no seu espírito e viver uma vida cheia de fé. Deixe passar. Está acabado. Alimente-se de comida viva. As comidas mais saudáveis que você pode colocar no seu espírito são as promessas de Deus. "Sou abençoado e não posso ser amaldiçoado. Tudo que eu tocar vai prosperar e ser bem-sucedido. Louvado seja Deus, que sempre me faz triunfar. Este será um ano abundante, generoso e florescente."

Se você vai se tornar uma águia, se vai voar, não pode voltar para as coisas mortas da sua vida, que o envenenarão.

Do que você está se alimentando? Preste atenção no que está colocando no seu espírito. Somos chamados para ser águias, mas às vezes estamos agindo como galinhas. Você sabia que uma galinha comeria a própria excreção? Uma galinha se alimentará do que deveria ser descartado como lixo. Talvez seja por isso que a galinha tem asas, mas é incapaz de voar muito longe. Ela se prende ao que deveria libertar. Você precisa enxergar as coisas negativas do seu passado como lixo. Não, Deus não desperdiça as batalhas às quais você sobreviveu, mas você não deve se alimentar delas. Você passou por elas, e agora acabou. Elas foram eliminadas, então siga em frente. Não volte para o que foi libertado. Se está sempre se alimentando do que foi descartado, isso o impedirá de voar alto e longe. Reviver antigas mágoas e pensar no que perdeu vai mantê-lo no chão. Vista uma atitude nova em folha e você começará a subir a novas alturas. Deus não lhe deu asas para permanecer no chão. Ele não disse que você foi feito com asas como as da galinha. Ele o chamou de "águia". Ele o criou para voar. Não deixe uma atitude amarga mantê-lo no chão. É hora de subir a novos níveis, de voar a novas alturas.

Desentupa Seu Coração

Meu pai batalhou com a pressão alta durante toda a vida. Ele veio de uma família com histórico de doenças no coração. Quando eu era adolescente, íamos assistir ao Houston Astros jogar beisebol. Enquanto andávamos do estacionamento até o estádio, ele tinha que parar várias vezes para descansar. Ficava sem ar. Era assim há tanto tempo que era normal para ele. Eventualmente, ele foi ao médico e descobriu que as artérias coronárias do seu coração estavam quase completamente entupidas. O médico disse que o coração do meu pai estava operando a uma capacidade de apenas 30%. Ele fez a cirurgia de coração de peito aberto, os bloqueios foram removidos e ele era como um novo homem. Podia andar por quilômetros.

Nós nos perguntamos por que não temos energia, por que nosso casamento está insípido, por que não temos paixão por nossos sonhos, sem perceber que há contaminantes bloqueando o fluxo.

Como aconteceu com meu pai, às vezes nosso coração se tornou entupido — não fisicamente, mas com ofensas, mágoas, autopiedade e desencorajamento. Nós não percebemos, mas estamos operando a apenas metade da capacidade que poderíamos. Nós nos perguntamos por que não temos energia, por que nosso casamento está insípido, por que não temos paixão por nossos sonhos, sem perceber que há contaminantes bloqueando o fluxo. Permitimos que esses venenos entupam bênçãos, alegrias e criatividade. A boa notícia é que você pode voltar a ser quem foi criado para ser. Não há necessidade de um médico. Você pode fazer essas mudanças. Caso se livre da amargura, da ofensa, do espírito crítico e da negatividade, terá a sua paixão de volta. Terá aquela energia no seu andar. Você não só aproveitará mais a vida, mas verá as bênçãos e a benevolência de Deus de novos modos.

O que você poderia ser se seu coração estivesse totalmente desentupido? Quão alto poderia voar se não tivesse contaminantes restringindo seu avanço? É hora de descobrir. Levante toda manhã e vista uma atitude nova em folha. Este dia é um presente de Deus. Está cheio de possibilidades, com novas ideias e amizades. Estou pedindo que você seja como aquele avião e viva com o nariz para o alto. Mantenha o foco no bem, nas possibilidades. Se fizer isso, acredito e declaro que você está prestes a decolar: novas portas se abrirão, a novidade virá para os seus relacionamentos e haverá promoções, cura, restauração e completude no seu destino.

CAPÍTULO QUATRO

Deixe para Lá

Todos nós vivemos coisas negativas. As pessoas nos fizeram mal, a empresa nos demitiu, um balconista foi rude. É fácil passar pela vida ofendido, em autopiedade, culpando a si mesmo, a nossos colegas de trabalho e até mesmo a Deus. Como estamos sempre olhando para trás, revivendo o negativo, acabamos carregando toda essa bagagem que nos puxa para baixo. Uma das melhores coisas que você pode aprender é largar a bagagem. Solte-a. Se aconteceu há vinte anos ou há vinte minutos, não carregue a bagagem negativa de ontem para hoje. Você não viverá uma vida vitoriosa se estiver sempre revivendo o que não funcionou, quem o machucou e os erros que cometeu. O "passado" é chamado assim porque está acabado, já passou, é história. Agora faça a sua parte e deixe-o ir embora.

"Joel, meu noivo me abandonou. Ele partiu meu coração. É por isso que estou amarga." Ele a machucou uma vez, mas não deixe que continue a machucá-la ao pensar sobre isso. É o que vai mantê-la para baixo, desencorajada e sem paixão. Enquanto você estiver ruminando isso, perderá as novas coisas que Deus quer fazer. Deus diz que Ele o dará a beleza no lugar das cinzas. Diz que tomará o que foi feito para machucar você e usará para a sua vantagem. Mas você precisa fazer a sua parte e deixar para lá. Pare de pensar nisso, pare de remoer e siga em frente. Há um novo começo no seu caminho. Mas Deus não vai liberar novas oportunidades enquanto você estiver revivendo antigas mágoas e antigos fracassos.

Você pode ter muitas coisas negativas no seu passado, coisas que não foram justas: uma infância difícil, um negócio que não prosperou, a perda de alguém que amava. Você pode facilmente passar pela vida ressentido, sem acreditar em ninguém, amargo e rancoroso. Mas tudo que você passou deixou um aprendizado. Você não é definido pelo passado — é preparado pelo passado. Você é mais forte, é mais experiente e tem uma confiança maior. Se aquilo não tivesse acontecido, não estaria preparado para os novos níveis que estão a caminho. Não ande por aí com uma mentalidade de "pobre de mim", sentindo pena de si mesmo. Ouvi dizer que você pode ser lamentável ou pode ser poderoso, mas não pode ser ambos. Você pode ter cometido alguns erros. Talvez tenha acabado com seu casamento e não criou seus filhos direito. Você tem muitos arrependimentos. Não pode fazer nada sobre o que aconteceu ontem. Viver culpado e condenado não vai melhorar nada. É hora de largar isso. Se você se livrar da bagagem negativa, não apenas sentirá um peso ser tirado das costas, mas entrará nos novos caminhos que Deus guardou para você.

Venha para o *É*

A Bíblia diz: "Onde está o Espírito do Senhor, ali há liberdade." Não diz *onde estava* o Espírito do Senhor. Se você está sempre pensando sobre ontem, o mês passado ou o ano passado, saiba que não há liberdade nisso. É lá que o Espírito do Senhor *estava*. Este é um novo dia. Há novas vitórias, novos relacionamentos e novas oportunidades. Pare de viver no que foi e venha para o que é. Agora há liberdade para você. Agora há novos começos. Agora há alegria, paz e restauração. Chorar pelo que aconteceu ontem não traz a liberdade. Viver arrependido do que você deveria ter feito ou do que poderia ter sido não é nem um pouco produtivo. Ficar ofendido, chateado e frustrado por causa do que não funcionou vai apenas mantê-lo na mediocridade. É hora de largar isso e seguir em frente. Você pode ser produto do passado, mas não precisa ser prisioneiro dele. Nada que aconteceu com você foi uma surpresa para Deus. Quando Ele fez o plano para a sua vida, já sabia de cada pessoa que o machucaria, cada perda pela qual você passaria e cada erro que cometeria. A boa notícia é que, para cada contratempo, Deus já arrumou uma recompensa. Para cada decepção, Ele tem um novo começo. Para cada fracasso, Ele trará a restauração. Em lugar das cinzas, Ele tem a beleza.

Você precisa bater o pé no chão e dizer: "É isso. Eu posso ter passado por algumas decepções e posso ter cometido alguns erros, mas não vou desperdiçar o tempo que me resta me preocupando com o que poderia ter feito de melhor, ficando amargo por causa do que não funcionou ou chateado com quem me fez mal. Estou deixando o *era* e estou indo para o *é*. Estou largando a ofensa, a autopiedade, a culpa, o fracasso. Estou farto de carregar a bagagem negativa. Vou viver minha vida com liberdade." Aqui está o ponto-chave: se alguém fez mal a você, deixe isso com Deus. Ele será o juiz. Se você cometeu erros, pare de se açoitar e receba a misericórdia de Deus. Ela é nova toda manhã. Se há coisas que você não entende — trabalhou duro, mas não conseguiu a promoção, ou fez o seu melhor, mas seu casamento não aguentou —,

Você pode ser produto do seu passado, mas não precisa ser prisioneiro dele.

em vez de arrastar aquela bagagem negativa por aí, você precisa ser maduro o suficiente para dizer: "Deus, eu não entendo, mas confio em Você. Sei que Você não teria permitido se isso não fosse de alguma maneira funcionar a meu favor. Então não ficarei amargo e não viverei olhando o retrovisor. Continuarei seguindo em frente, sabendo que meus melhores dias ainda virão."

O escritor de Eclesiastes diz: "O fim das coisas é melhor que o seu início." Você pode ter passado por um começo difícil, mas não precisa ter um final difícil. O fim é melhor. Talvez tenha tido uma decepção: alguém partiu seu coração, um sonho não deu certo ou o resultado do exame médico não foi bom. Não fique preso ao que aconteceu ontem. Não foque a negatividade. Deus está dizendo: "Algo melhor está a caminho." Podem existir períodos difíceis no meio, mas não foque a traição — o melhor está a caminho. O empréstimo não foi aceito, mas não fique sentado com pena de si mesmo — o melhor está a caminho. Você intercedeu e acreditou, mas o exame médico não foi bom. Isso é um exame, mas Deus tem outro exame. Ele diz que o melhor está a caminho. Não cancele o melhor optando por viver no passado e por focar a negatividade — os arrependimentos, os fracassos, o que não funcionou. Se a sua mente está sempre no ontem, você se movimentará nessa direção. Você não pode ir para a frente olhando para trás. Se está sempre pensando no que não funcionou, revivendo as memórias de como alguém o machucou ou dizendo aos seus amigos como o exame médico foi ruim, ficará preso. Receba isso no seu espírito: o melhor está a caminho. A cura está a caminho, as descobertas estão a caminho e novas oportunidades estão a caminho.

Não cancele o melhor optando por viver no passado e por focar a negatividade — os arrependimentos, os fracassos, o que não funcionou.

Torne-se Especialista em Esquecer

O apóstolo Paulo diz em Filipenses: "Concentro todos os meus esforços nisto: esquecendo-me do passado e olhando para o que está adiante." Esse é um homem que escreveu quase metade dos livros do

Novo Testamento. Ele poderia ter dito: "Mas uma coisa faço: concentro toda a minha energia em ser um escritor melhor, em melhorar minhas habilidades de liderança e em impactar a cultura mais efetivamente." Em vez disso, ele disse: "Mais importante do que tudo isso é esquecer-se das coisas que ficaram para trás." Ele sabia que, se carregamos bagagem negativa, ela nos manterá afastado do nosso destino. Paulo passou por muitas adversidades. Ele foi falsamente acusado de crimes, espancado com varas e colocado na prisão; ficou muitas vezes sem comida, naufragado; e assim por diante. Se ele não tivesse aprendido esse princípio, teria se tornado amargo e desencorajado, dizendo: "Deus, por que isso está acontecendo comigo? Olhe o que passei! Não é justo."

Outras traduções da declaração de Paulo destacam a força de como ele se sentia: "Mas uma coisa faço: esquecendo-me das coisas que ficaram para trás." Ele estava dizendo: "Eu ainda não faço tudo certo, mas nesta única coisa eu sou bom, esta única coisa eu sei fazer: eu sei como esquecer o passado." Paulo era um especialista em esquecer. Às vezes gastamos mais energia nos prendendo ao passado negativo do que deixando-o ir embora. E se fizéssemos como Paulo fez e começássemos a focar essa energia em esquecer a ofensa, a culpa, a autopiedade, a mágoa e seguir em frente?

Como você esquece? Pare de pensar nisso e pare de falar disso. Não remoa as coisas negativas que aconteceram com você. O motivo pelo qual algumas pessoas nunca enxergam o melhor é o fato de que elas estão sempre abrindo velhas feridas. Toda semana elas chamam seus amigos e dizem: "Você consegue acreditar no que fizeram comigo?" Aconteceu há 27 anos, mas elas ainda estão arrastando isso como se tivesse acontecido ontem. Se você vai se libertar, precisa não apenas esquecer — precisa enterrar. Faça um funeral. Deixe de lado de uma vez por todas. Decida que não falará nunca mais sobre isso. Quando se sentir tentado, cale-se. Aquela traição, aquela decepção ou aquela injustiça está morta.

E se fizéssemos como Paulo fez e começássemos a focar essa energia em esquecer a ofensa, a culpa, a autopiedade, a mágoa e seguir em frente?

Acabou, está no passado e está enterrado. Se você cavar, vai cheirar mal. Não vai apenas deixá-lo amargo; fará com que ninguém queira estar perto de você. Quando você anda por aí carregando coisas fedorentas, pode não perceber, mas isso o faz feder. Quando está amargo, você afasta as pessoas. Quando está ofendido, chateado, rancoroso, empurra as oportunidades para longe. Você precisa tirar o fedor da sua vida. Largue a bagagem para lá.

Vários anos atrás eu estava voltando para casa depois de uma Noite da Esperança. Nós normalmente saímos de casa na quinta-feira e voltamos na noite de sexta depois do evento. Nessa viagem, eu tinha me esquecido de levar meias extras. Coloquei as meias na manhã de quinta e viajei até a cidade, fiz um lançamento de livro com autógrafos naquele dia e tive várias outras atividades. Na manhã seguinte, vesti as mesmas meias, fui para a academia e me exercitei; mais tarde conduzi a Noite da Esperança e apertei a mão de centenas de pessoas ao final. Era uma noite

> *Quando a derrota, o erro ou a mágoa voltar à tela de TV da sua mente, faça um favor a si mesmo e mude de canal.*

quente e eu suei muito. Quando finalmente entramos no avião para voltar para casa, eu estava cansado. Tirei os sapatos, apoiei os pés na cadeira à minha frente e Victoria quase desmaiou. Ela exclamou: "Joel, coloque os sapatos de volta! Seus pés estão fedendo demais!" Eu disse: "Eles não estão fedendo. O cheiro está normal." Eu não conseguia sentir o cheiro de nada. O problema é que, quando você está cheirando mal, muitas vezes não sabe disso. Quando está com raiva de alguém, ofendido com o vizinho, carregando a falta de perdão e a amargura, pode não perceber, mas está fazendo a sua vida cheirar mal. Está afastando as pessoas e as oportunidades. Por que não se livra das coisas fedorentas? Há um futuro incrível à sua frente: a beleza no lugar das cinzas, a alegria no lugar da tristeza, a dança no lugar do pesar, mas você precisa seguir em frente.

Talvez precise enterrar aquele erro que cometeu. Você já viveu com culpa, condenado e se colocando para baixo o suficiente. Faça um funeral e deixe isso para trás. Não fale mais. Não deixe mais o acusador fazer você se sentir sem valor ao dizer "Você não merece ser abençoado. Você é um fracasso". Essas mentiras farão a sua vida cheirar mal. Pare de ouvir o negativo. Quando a derrota, o erro ou a mágoa voltar à tela de TV da sua mente, faça um favor a si mesmo e mude de canal. Tenha a atitude que diz: *Eu não vou voltar para trás. Não viverei arrependido. Não ensaiarei os fracassos. Estou seguindo em frente. Posso ter passado por momentos ruins, mas sei que o melhor está adiante.* Se colocar a sua mente para seguir em frente, sua vida seguirá em frente.

Preste atenção naquilo em que você está pondo suas forças durante o dia inteiro. Escute o que está dizendo. Quanto tempo e energia está dando às coisas negativas do seu passado — culpa, ofensa, desencorajamento? Você tem uma quantidade limitada de energia emocional para cada dia. Quando usa essa energia em coisas negativas, chamando um amigo para falar sobre o que alguém fez a você três anos antes, ensaiando fracassos, se colocando para baixo, isso é energia que você deveria estar usando para seguir adiante. Você precisa sair do *era* e começar a andar no *é*. Não diga mais uma palavra sobre aquele término e aquela decepção pelos quais passou. Não conte a mais ninguém o erro que cometeu.

Está acabado. Você fez o funeral. Enterrou tudo. Não fale mais sobre isso. Não reviva essas perdas mais uma vez na sua mente.

Você determina o que pensa. Não pode ficar focado no negativo e esperar seguir adiante. A verdade é que toda pessoa tem uma bagagem. Todos nós passamos por coisas que podem nos puxar para baixo e nos deixar amargurados. A diferença entre as pessoas que são positivas, felizes e esperam coisas boas e as que são negativas, desanimadas e amargas é simples: as pessoas negativas se agarram à bagagem, enquanto as positivas aprenderam a esquecê-la, a deixá-la para trás.

Perdoe, Esqueça, Deixe para Lá

Em Marcos 11, Jesus estava falando sobre o que devemos fazer quando alguém nos faz mal. Ele diz: "Se tiverem alguma coisa contra alguém, perdoem-no." Perceba o princípio: perdoe, esqueça, deixe para lá. Quando alguém está falando mal de você, é fácil ficar chateado e ofendido. Tente uma abordagem diferente: perdoe, esqueça, deixe para lá. Deus lutará suas batalhas. Alguém traiu você e foi embora. Não gaste outro dia amargurado. Você não está machucando outras pessoas: está se envenenando. Perdoe, esqueça, deixe para lá. Você deu um passo de fé, abriu um negócio, mas não funcionou. Não deixe que isso azede a sua vida. Faça duas coisas simples: esqueça e deixe para lá. Deus tem algo melhor. Você orou, mas a pessoa que você ama não resistiu ou o relacionamento não funcionou. Você pode ficar amargo e dizer: "Deus, por que não responde às minhas orações?" Perdoe, esqueça, deixe para lá.

O motivo pelo qual a Bíblia diz para você perdoar é porque você ficará tentado a voltar a esse assunto. Pode parecer que você esqueceu, mas, na manhã seguinte, quando pensar no que disseram, vai querer pegar a mágoa e a amargura de volta. Conheço pessoas que estão pegando de volta a mesma ofensa há 47 anos. Não é mais uma bagagem, é parte de quem você é. Você precisa deixar para lá. Pode não ter sido justo,

O motivo pelo qual a Bíblia diz para você perdoar é porque você ficará tentado a voltar a esse assunto.

mas Deus viu o que aconteceu. Ele é o Deus da justiça. Ele transformará o que fez mal para você em bem. Largar essa mágoa não significa que você é fraco, ou que está desistindo, ou que não se importa com o que fizeram com você. Não. Você está dizendo: "Deus, eu confio em Você para ser meu juiz. Eu confio que abrirá novas portas e me levará para onde eu devo estar."

Imagine que às 10h de uma segunda-feira um colega de trabalho seja rude com você. Perdoe, esqueça, deixe para lá. Quando vir o seu colega de novo ao meio-dia, ficará tentado a pegar isso de volta. Apenas diga: "Não, obrigado. Estou deixando essa ofensa onde a larguei. Não carregarei nenhuma bagagem." Mais tarde, nesse mesmo dia, você tem uma decepção, descobrindo que não conseguiu um contrato. Pode ficar amargo e deixar isso arruinar sua semana. Em vez disso, você esquece e deixa para lá. Quando acordar na terça-feira de manhã, aquela decepção estará esperando por você, lembrando-o: "Não funcionou. Você tem o direito de ficar desencorajado. Não há nada de bom no seu futuro." É necessário responder: "Não, obrigado. Não pegarei isso de volta. Vou deixar o desânimo para lá. Sei que Deus tem algo melhor."

Pense em quantas pessoas levam uma fechada no trânsito às 8h e ainda estão chateadas às 12h. Em vez de esquecer e deixar para lá, elas pegam a ofensa, colocam-na na bolsa e a carregam por aí. Um colega de trabalho foi rude com elas na segunda-feira, e elas ficam amargas a semana inteira. Continuam a pegar a ofensa de volta. A vida é curta demais para carregar essa bagagem por aí. Seu tempo é muito valioso e seu destino é muito importante para passar o dia sendo puxado para baixo por ofensas, amargura, culpa e raiva. Você precisa tomar a decisão de não apenas perdoar, mas de deixar para lá. Não ceda à tentação de pegar de volta.

Não Se Prenda aos Porquês

Na Bíblia, havia um homem chamado Aitofel, um dos braços direitos do Rei Davi. Por mais de 25 anos ele serviu como conselheiro pessoal de Davi. Mas, quando o filho de Davi, Absalão, tentou tomar o trono, Aitofel foi um dos primeiros a abandonar Davi e unir-se a seu filho. Aitofel começou a aconselhar Absalão a respeito dos passos que ele deveria tomar para derrubar o pai. Quando Absalão escolheu outro conselheiro em vez dele, Aitofel ficou tão perturbado pela rejeição que a Bíblia diz que ele partiu e se enforcou.

Depois de tantos anos, por que um conselheiro de confiança do Rei Davi se viraria contra ele de repente? Muitos estudiosos acreditam que Aitofel era o avô de Bate-Seba, a mulher que foi amante de Davi e cujo marido, Urias, ele havia matado. Davi a tomou como esposa. Poderia ser esse o motivo pelo qual Aitofel se virou contra Davi tão facilmente, por nunca ter superado o que Davi fez com Bate-Seba e Urias? Em vez de perdoar Davi, esquecendo-se disso, passando uma borracha e deixando para lá, aquele veneno estava cozinhando dentro dele todos esses anos. Aitofel sorriu por fora e deu conselhos a Davi, mas por dentro algo não estava certo. Ele acabou, tragicamente, tirando a própria vida.

O que Davi fez foi errado. Naturalmente, Aitofel tinha razão para estar chateado, com raiva e amargo. Mas, quando você carrega por aí essa bagagem negativa ano após ano, não está machucando a outra pessoa; está contaminando a própria vida. Você não pode desfrutar da criatividade, da benevolência e da bênção que deveria desfrutar. Assim como com Aitofel, o que alguém fez a você pode ter sido errado e pode não ser fácil, mas, para o seu bem, e não deles, você precisa esquecer, passar a borracha e deixar para lá. Quando faz isso, Deus cura suas feridas. Ele restaura seus pedaços quebrados. Ele paga a injustiça. Quando se prende à falta de perdão, à amargura e à raiva, não as está prendendo; elas é que estão prendendo você. Esse veneno vai levá-lo pelo caminho errado. Aitofel tinha tudo dando certo para ele, era um conselheiro bem-sucedido e respeitado do rei, mas não largar a bagagem negativa custou-lhe a vida. Ele perdeu seu destino. Não deixe que essa seja a sua história. Não brinque com a bagagem negativa — amargura, falta de perdão, culpa. Deixe para lá.

> *Quando você carrega por aí essa bagagem negativa ano após ano, não está machucando a outra pessoa, está contaminando a própria vida.*

"Mas, Joel, eu não entendo por que tudo isso está acontecendo comigo. Por que essa pessoa me fez o mal? Por que eu fiquei com essa doença?" As pessoas me perguntam: "Por que a sua mãe foi curada, mas a minha mãe, não?" Nós nunca vamos entender tudo. Não fique preso nos porquês da vida. A Bíblia diz: "Agora, pois, vemos apenas um reflexo obscuro, como em espelho; mas, então, veremos face a face." Um dia ficará claro. Se você está sempre tentando entender os porquês, fica frustrado e amargo. A melhor coisa que pode fazer é esquecer isso. Deixar para lá. Se Deus quer que saiba o porquê, Ele é Deus, e vai dizer o porquê. Mas, se Ele não está revelando isso, você precisa deixar para lá. Algumas coisas Deus não quer que você saiba. O escritor de Provérbios diz: "A glória de Deus é ocultar certas coisas." Se vai confiar em Deus, precisa aceitar que haverá perguntas sem resposta. Precisamos ser maduros o suficiente para dizer: "Deus, não entendo por que isso aconteceu, mas estou bem sem entender o motivo. Não preciso ter todas as respostas. Você é Deus, e eu, não. Confio que seus caminhos são melhores do que os meus."

Conheço um casal que comanda uma igreja em outra cidade. Certa noite, seu filho adolescente morreu em um acidente de carro. Você pode imaginar como eles estavam devastados e de coração partido. De uma hora para outra, seu mundo havia desabado. Eles são ótimas pessoas, crentes fiéis. Eu não sabia como eles iam reagir. Muitas pessoas ficariam com raiva, culpariam Deus e deixariam isso azedar o resto de suas vidas. Não foi fácil para eles. Passaram por um período obscuro, mas sobreviveram. Eu perguntei como conseguiram fazer isso sem ficar amargurados. Eles disseram: "Nós tomamos a decisão de que não trocaríamos o que sabemos pelo que não sabemos. Nós sabemos que Deus é bom, que ele tem amor, que é misericordioso e que é por nós. Não vamos deixar que uma situação que não entendemos cancele tudo isso." Talvez haja algo pelo que você tenha passado que não faz sentido, isso está incomodando, deixando-o com dúvidas e fazendo você viver desanimado. Você precisa fazer o que eles fizeram. Pare de tentar entender e volte para o que sabe. Deus é por você. Ele o tem na palma das mãos. Ele não teria permitido se não fosse de algum modo usar isso para o seu bem.

Tenha um Arquivo de "Eu Não Entendo Isso"

O fato é que nem tudo na vida se encaixará perfeitamente em nossa teologia. Todos nós devemos ter um arquivo em nosso pensamento, etiquetado com "Eu não entendo isso". Quando aparecerem coisas que não façam sentido e você não conseguir encontrar uma resposta, em vez de tentar descobrir, de ficar confuso e frustrado, apenas guarde-as no seu arquivo de "Eu não entendo isso" e continue a seguir em frente. Se cometer o erro de passar pela vida tentando entender por que algo ruim aconteceu, por que o relacionamento não funcionou ou por que sua pessoa amada não foi curada, isso envenenará a sua vida.

O fato é que nem tudo na vida se encaixará perfeitamente em nossa teologia.

Em 1881, James Garfield foi eleito o vigésimo presidente dos Estados Unidos. Seis meses depois, levou um tiro nas costas. Os médicos conseguiram salvar sua vida, mas não conseguiram encontrar a bala que ficou presa atrás do seu pâncreas. Ele estava se recuperando bem, mas naquela época eles achavam que, se não removessem a bala, isso causaria problemas a ele. Fizeram mais cirurgias, cutucando-o e sondando por toda parte, mas ainda assim não conseguiram encontrar a bala. Alexander Graham Bell criou um dispositivo elétrico para tentar localizá-la, mas não funcionou. Oitenta dias depois de ter levado o tiro, o presidente Garfield morreu — não de sua ferida original, mas da infecção e do envenenamento lento do sangue causado por toda aquela sondagem.

Às vezes é melhor deixar as coisas como estão. O problema é que, se você está mexendo toda hora em feridas, mágoas, decepções, tentando entender o motivo, tentando encontrar respostas... está mantendo-as ativas e nunca vai se curar. Você precisa deixar para lá. Entregue para Deus e diga: "Deus, eu não entendo isso, mas não continuarei mexendo. Não tentarei entender. Sei que você não teria permitido isso se não pudesse tirar algo bom da situação, então vou esquecer, parra uma borracha e deixar para lá."

Meu desafio para você hoje é parar de olhar para trás. Saia do *era* e venha para o *é*. Deus quer fazer algo novo, mas precisa largar o que é antigo. Não seja como Aitofel, prendendo-se às coisas que envenenarão sua vida. Seja como o apóstolo Paulo e concentre suas energias em deixar para lá o que ficou para trás. Há algo em que você precisa passar uma borracha? Uma mágoa, um fracasso, uma decepção, uma ofensa? Não há hora melhor do que agora. Hoje pode ser o seu ponto de virada. Você pode terminar este capítulo como uma pessoa livre. Tome a decisão de se livrar de toda a bagagem negativa. Você vai esquecê-la e largá-la para lá. Não vai voltar e pegá-la de novo. Deixará Deus ser o juiz e receberá a misericórdia Dele em relação aos erros que cometeu. Se fizer isso, acredito e declaro que Deus vai curar suas feridas. Ele lhe dará beleza no lugar das cinzas. Ele vai liberar novos relacionamentos e novas oportunidades. Como diz o Eclesiastes: "O melhor está a caminho." A alegria está a caminho, a cura está a caminho, a benevolência está a caminho, a completude do seu destino está a caminho.

CAPÍTULO CINCO

A Gravação Certa

Há uma gravação tocando constantemente em nossa mente, nos dizendo quem somos. O problema para algumas pessoas é que a gravação é negativa. Tem sido assim há tanto tempo que elas não percebem. Algo está sempre dizendo a elas: "Você não é atraente. Você não tem uma boa personalidade. Você cometeu muitos erros. Você é da nacionalidade errada." A gravação toca repetidas vezes. Elas se questionam por que não se sentem bem consigo mesmas, e é por causa do que está tocando. Parte disso começou na infância. Alguém disse que elas não eram inteligentes. "Você nunca dará muito certo na vida. Você não tem talento o suficiente."

É isso que aconteceu a um amigo meu em nosso último ano de escola. Todo mundo da turma foi ver o orientador e discutir o que queríamos fazer da vida. Meu amigo contou ao orientador que queria ser médico. O orientador pode ter agido com boas intenções, mas disse ao meu amigo que ele não tinha as habilidades para isso e que deveria procurar uma área na qual fizesse trabalho físico. Meu amigo voltou desanimado. Ele não conhecia algo diferente daquilo. Deixou esta gravação tocar em sua cabeça repetidas vezes: *Você não tem as habilidades. Você não é bom o suficiente.* Por causa dessas palavras negativas, ele nunca foi atrás dos próprios sonhos.

Você está se deixando prender pelo que alguém disse sobre você? Permitiu que isso se tornasse parte da gravação que toca na sua mente? A boa notícia é que você controla a gravação. Não precisa deixar esses pensamentos continuarem a tocar. O ponto-chave é desligar a gravação antiga e colocar uma nova. Aqui está o que deveria tocar em sua mente: *Sou talentoso. Tenho valor. Sou atraente. Sou abençoado.*

Tenho uma boa personalidade. As pessoas gostam de mim. Preste atenção no que está tocando na sua mente. Não passe pela vida sendo contra si mesmo, focado em todas as suas falhas, sentindo-se inferior e dizendo "nada de bom acontecerá". Muitas pessoas se sentem erradas por dentro. Há um sentimento persistente que está sempre lembrando-as do que elas não são e como não se comparam aos outros.

Digo com humildade, mas digo que gosto de mim. Eu me sinto bem sobre quem sou. Tenho orgulho de quem Deus me fez ser. Se você não se ama de modo saudável, não vai amar aos outros. Não terá bons relacionamentos se andar por aí sentindo-se culpado, pouco atraente e inferior. O motivo pelo qual algumas pessoas não se dão bem com outras é o fato de elas não se darem bem consigo mesmas. Se você não gosta de si mesmo, não gostará de mim, mesmo que eu seja legal. É preciso estar em paz consigo mesmo antes de conseguir estar em paz com outros. Se você é duro consigo, será duro com os outros. Se você se sente errado sobre quem é, será crítico e en-

Se você não se ama de modo saudável, não vai amar aos outros.

contrará falhas nos outros. Você deve a si mesmo, a seu cônjuge, a seus filhos e a seus amigos a atitude de desligar a gravação negativa. Ela está envenenando quem você é. Quando se sente bem em relação a quem você é, sabe que tem valor, é atraente, talentoso e único, então pode amar os outros. Quando tiver a gravação certa, terá relacionamentos saudáveis.

Faça um inventário do que está tocando na sua mente. Se encontrar pensamentos derrotados sobre não ser merecedor e não ser bom o suficiente, apague-os. Pare de deixar que eles o habitem. Então dê um passo adiante e coloque uma nova gravação. Você ficará maravilhado com o que acontece quando passa o dia tocando o que Deus diz sobre você. O salmista diz: "Eu te louvo porque me fizeste de modo especial e admirável." Em vez dessa gravação, sua gravação está dizendo: "Você é comum. Não há nada especial sobre você. Você não é atraente." Apague, apague, apague. Coloque a nova gravação, que diz: "Fui feito de modo especial e admirável. Sou uma obra de arte. Sou único. Eu tenho sementes de grandeza."

Acredite que Você É Extraordinário

No Salmo 139, Davi diz: "Eu te louvo porque me fizeste de modo especial e admirável. Tuas obras são maravilhosas!" Outras versões usam a palavra *extraordinário*. Imagine andar por aí com essas palavras tocando na mente: *Eu sou maravilhoso. Eu sou extraordinário. Eu sou incrível.* A maioria de nós não é confiante o suficiente para pensar tão alto sobre si mesma. Não temos nenhum problema ao pensar em nossas falhas, no que fizemos de errado e como não nos comparamos a essa ou àquela pessoa. Mas, quando essa nova gravação vier, o inimigo fará hora extra para tentar impedi-lo de ouvi-la. Ele não quer que você se sinta bem consigo mesmo. Seja audacioso e acredite que você é feito de modo maravilhoso, incrível e extraordinário. Não estou falando para fazer isso com arrogância, mas, se você se tornará quem foi criado para ser, precisará entrar em um acordo com Deus. Não pode andar por aí intimidado, pensando que é ordinário e não tem muito a oferecer. Eu o desafio a começar a tocar a nova gravação: *Eu sou maravilhoso. Eu fui feito de modo extraordinário. Eu sou uma obra de arte.*

É muito simples. O inimigo quer que você se sinta errado sobre si mesmo; Deus quer que se sinta bem sobre si mesmo. Quando Ele o criou, deu um passo para trás e disse: "É muito bom." Quando acordar de manhã, em vez de se olhar no espelho e pensar: *Olhe como estou envelhecendo. Olhe todas essas rugas. Olhe como estou acima do peso,* por que não se olha no espelho e diz: "Bom dia, coisa maravilhosa. Bom dia, filho que foi feito de modo especial e admirável pelo Deus Maior"? Você não está se gabando de si mesmo, está se gabando do que Deus fez. Quando se sentir bem consigo mesmo, você irá mais longe, terá relacionamentos melhores e aproveitará mais a vida. Tudo começa por dentro.

> *Por que você não se olha no espelho e diz: "Bom dia, coisa maravilhosa. Bom dia, filho que foi feito de modo especial e admirável pelo Deus Maior"?*

Uma jovem moça veio orar durante um de nossos cultos. Ela tinha 20 e poucos anos e era incrivelmente bonita, como se pudesse ser uma modelo na capa de uma revista de moda. Perguntei qual era o seu pedido de oração. Ela me disse que tinha autoestima baixa e se sentia pouco atraente. Estava lidando com um distúrbio alimentar e tinha começado a se cortar. Pensei comigo mesmo: *Não há como encontrar uma garota mais bonita, mas ela deixou a gravação errada tocar e agora isso está preso em sua cabeça.* Ela estava ouvindo repetidamente: "Você não é atraente. Você não tem valor. Ninguém se importa com você." Era tudo mentira, mas o que toca em nossa mente é muito poderoso. Uma gravação errada pode bagunçar a sua vida. Você precisa ser bonito por dentro antes de ser bonito por fora. Ela tinha toda a beleza natural do mundo; o problema era o fato de ser pouco atraente por dentro. Às vezes achamos que, se pudermos arrumar a parte de fora, vamos nos sentir bem a respeito de nós mesmos, mas é o oposto. Se você arrumar seu interior, se colocar a gravação certa, isso arrumará seu exterior.

Todos nós passamos a manhã nos arrumando e nos preparando para o nosso dia. Tomamos banho, nos barbeamos ou usamos maquiagem e decidimos quais roupas usar. Nós nos esforçamos para atingir o melhor visual externo que podemos, e isso é bom. Mas um rosto bonito não pode esconder uma autoestima baixa, e vestir a última moda não esconderá o fato de você se sentir pouco atraente. Eu imagino o que aconteceria se separássemos cinco minutos toda manhã para preparar nossa pessoa interior para o dia. O que aconteceria se, antes de sair de casa, nos lembrássemos de quem somos? "Eu sou forte. Sou talentoso. Sou atraente. Sou maravilhoso. Fui feito de modo especial e admirável." Reserve um tempo para dizer essas afirmações positivas a si mesmo. Se fizer isso de manhã, a gravação será iniciada na direção certa. Quanto mais fizer isso, mais isso se tornará parte de quem você é. Assim como a negatividade se acomoda no subconsciente e o restringe, essa positividade o empurrará para frente. É bom fazer uma lista de coisas positivas e tê-la no celular, colá-la no espelho do banheiro e no computador no trabalho. Várias vezes ao dia, leia e reforce-a no seu espírito. Quanto mais você focar os pensamentos certos, menos espaço haverá para os pensamentos errados.

Como Você Se Vê?

Algumas mulheres nunca pensaram *Eu sou bonita. Sou atraente. Sou incrível.* Elas diriam: "Essa não sou eu, Joel. Eu sou comum. Não há nada de atraente em mim." O problema é que aquela gravação errada está impedindo você de brilhar. Cada pessoa é feita à imagem de Deus. Você é bonita do seu próprio jeito. Tem um sorriso bonito, um espírito bonito e a pele bonita. Todo mundo tem algo atraente. Apague os pensamentos que estão lhe dizendo *Você não é atraente. Você é grande demais. Você é pequeno demais.* Coloque uma nova gravação que diz: *Eu sou bonito. Sou atraente. Sou incrível. Tenho valor.* Você deixou a gravação com mentiras tocar por tempo demais. Comece a tocar o que Deus diz sobre você repetidas vezes.

> *Quanto mais você focar os pensamentos certos, menos espaço haverá para os pensamentos errados.*

Mulher, nunca diga ao seu marido que você não é atraente. Nunca se coloque para baixo na frente dele. Ele não casou com você porque você é pouco atraente. Ele casou com você porque enxerga a sua beleza. Ele vê o que Deus colocou em você. Você pode não conseguir ver ainda. Mas, quando diz a ele que não se sente atraente e que não acha que é bonita, tudo que está fazendo é afastá-lo. A última coisa que você quer é que ele comece a concordar com você. E se ele dissesse: "Sim, você está certa. Você é meio grosseira..."? Isso começaria outra guerra. Você pode não se sentir bonita, mas precisa começar a agir como se fosse, vestindo-se como se fosse e pensando como se fosse. Mude a gravação. Quando você é bonita por dentro, isso começa a ser exibido por fora. Você anda por aí da maneira como se sente consigo mesma. Caso se sinta pouco atraente, está enviando mensagens, mesmo subconscientemente, que dizem que você é pouco atraente. Se você se sente inferior, intimidada e sem talento, projeta isso em todo lugar aonde vai. Isso aparecerá na sua postura, na sua linguagem corporal e na sua personalidade. As pessoas vão tratá-la com base na mensagem que você está enviando.

Conheci uma jovem moça certa vez — e digo isso respeitosamente — que não era necessariamente atraente por fora. Ela não tinha muita beleza natural, mas por dentro tinha. Não era arrogante, mas era confiante. Sabia que havia sido feita à imagem de Deus. Sabia que era coroada com benevolência. Podia ter uma aparência comum, mas pensava que era extraordinária. Tinha uma postura de rainha. Andava por aí como se fosse da realeza. Vestia-se como se estivesse a caminho da passarela. Sua roupa podia ser de segunda mão, mas ela a vestia como se fosse nova em folha. O que fez a diferença? Por dentro ela se enxergava uma filha bonita, talentosa, criativa e inteligente do Deus Maior. O que está por dentro aparecerá por fora eventualmente. Porque ela tem a gravação certa, transpira confiança, força, beleza e capacidade naturalmente.

O modo como se vê é o modo como outras pessoas vão vê-lo. Se você se vê atraente, talentoso e capaz, as pessoas vão vê-lo dessa maneira. É isso que você exibirá. Pare de se colocar para baixo. Pare de deixar aqueles pensamentos negativos sobre você tocarem. Quando você se critica, está criticando a criação de Deus. Há pessoas e circunstâncias o suficien-

> *O modo como se vê é o modo como outras pessoas vão vê-lo.*

te contra você, então não seja contra si mesmo. Quando a negatividade emergir, faça um favor a si mesmo e apague-a. Mude para a gravação certa.

Fique Bom em Apertar o Botão de Apagar

Kobe Bryant foi um dos melhores jogadores de basquete. No dia 1º de julho de 2014, publicou nas redes sociais uma foto dele segurando sua camisa dos Los Angeles Lakers. A legenda dizia: "Nesse dia, há dezoito anos, logo depois de ser convocado, o time de basquete Charlotte Hornets me contou que não precisava de mim, e me negociou." Ele tinha um sorriso agradável no rosto. Depois de ouvir que não era útil, ele seguiu em frente e ganhou cinco campeonatos da NBA com os Lakers. Foi uma estrela da NBA dezoito vezes, o jogador mais valioso da liga em 2008, duas vezes campeão de pontuação e assim por diante. Eu imagino o que teria acontecido se ele tivesse deixado aquelas frases tocarem constantemente em sua mente: *Não precisamos de você. Você não é tão bom. Você não tem o que é preciso.* Isso poderia tê-lo afastado de seu destino. O que Kobe fez foi apertar o botão de "apagar". "Isso não vai ficar no meu disco rígido. Eu sei que sou valioso. Sei que tenho o que é preciso."

Kobe entendeu este princípio: você não pode tocar palavras negativas, derrotadas e limitantes e alcançar seu potencial. Palavras são como sementes. Elas têm poder. Se você deixar que enraízem, elas vão crescer e virar o que foi dito. Isso é ótimo quando as pessoas são positivas e o empurram para frente. Mas todo mundo ouve palavras negativas e convive com pessoas que tentam impedir e desencorajar outras. Faça como Kobe: apague a negatividade e torne-se quem Deus o criou para ser.

Palavras são como sementes. Elas têm poder. Se você deixar que enraízem, elas vão crescer e virar o que foi dito.

Conheço um pastor que, quando era jovem, viajava com um conhecido pastor mais velho. Ele era seu assistente e ia com ele para todo canto. Estava de coadjuvante, mas por dentro acreditava que um dia teria um ministério proeminente. Por estar à sombra do pastor que era tão talentoso e popular, ele teve que lutar contra se sentir intimidado e pensar que não tinha o que era necessário. Uma noite após um culto, um líder da cidade foi aos bastidores do palco em busca do pastor mais velho, mas ele já tinha ido embora. Esse jovem rapaz o recebeu e perguntou se poderia ajudá-lo. O líder da cidade disse que queria uma oração para uma situação na sua família. Os olhos do jovem pastor se iluminaram e ele disse: "Eu vou interceder por você." O homem balançou a cabeça e disse: "Não, filho. Você não serve." Essas palavras foram como adagas. Ele já se sentia inseguro e estava se questionando se seria capaz. Deixou aquela frase se tornar parte de sua gravação repetidas vezes: *Você não serve. Você não tem o que é preciso.* Ano após ano, sempre que tentava elevar sua confiança e se destacar, aquela frase (*Você não serve*) ficava mais e mais alta dentro dele, e ele se encolhia de volta.

Um dia o jovem pastor fez o que estou pedindo que você faça. Ele percebeu que as pessoas não determinam o destino. Palavras negativas ditas sobre você só têm poder se você dá poder a elas, se começa a acreditar nelas. Ele apertou o botão de "apagar" e começou uma nova gravação: *Eu sou ungido. Sou talentoso. Sou favorecido. Sou excepcional. Tenho sementes de grandeza.* Tenho força no Senhor. Ele mudou sua gravação. Novas portas começaram a abrir e ele seguiu adiante para se tornar um dos pastores mais proeminentes do nosso tempo. Anos mais tarde, o líder da cidade que havia dito "Você não serve" o convidou para falar em um prestigioso evento. Um dia, as pessoas que o dispensam, não lhe dão crédito e tentam fazê-lo sentir-se inferior vão querer o que você tem. Deus está preparando uma mesa para você na presença dos seus inimigos.

O ponto-chave é que você não pode deixar algo negativo falado sobre você se tornar parte da sua gravação. Você precisa ficar bom em apertar o botão de apagar. Pode ter vindo de alguém que deveria falar de fé para você — seus pais, um treinador, um professor, um colega de trabalho. As pessoas deveriam encorajá-lo, mas em vez disso elas disseram o que você não será, o que não consegue fazer e como não é o suficiente. Pare de se concentrar nisso. Pare de tocar isso de novo. Eles não sabem o que Deus colocou em você. Às vezes as pessoas dizem coisas negativas porque não se sentem bem consigo mesmas. Elas têm seus próprios problemas — são inseguras, magoadas, têm a gravação errada e estão apenas passando isso adiante. Não leve para o lado pessoal. Aperte o botão de apagar e continue tocando o que Deus diz sobre você. Eles dizem: "Você não tem o que é preciso." Apague. Você diz: "Estou totalmente preparado e equipado." "Você é comum. Não há nada de especial em você". Apague. "Eu sou excepcional. Sou uma obra-prima." "Nós não precisamos de você. Você não serve." Apague. "Eu sou talentoso. Tenho sementes de grandeza."

Feche a Porta da Negatividade

Você está deixando o que as pessoas disseram ou a maneira como elas o trataram fazer com que você não acredite em si mesmo e não siga seus sonhos? Desligue essa gravação. O inimigo não estaria tentando impedi-lo se não soubesse que há algo incrível no seu futuro. Ele usará pessoas, pala-

> *Ele sabe que não há nada mais poderoso do que você acreditar em si mesmo.*

vras negativas e o modo como você foi tratado, ignorado e desacreditado para tentar fazer aquela gravação negativa tocar. Ele sabe que não há nada mais poderoso do que você acreditar em si mesmo. O que você fica ruminando o dia todo determina se vai ou não se tornar quem você foi criado para ser. Não se permita sentir-se inferior por causa do que alguém disse. Isso o atrasou por tempo demais. É hora de tocar outra gravação. Você está equipado, é poderoso, é ungido, você tem o que é preciso e é coroado com a benevolência. Deus está soprando na sua direção. Ele o chama de "obra-prima". Se alguém o chamar de algo diferente, apague. Se o fizerem sentir-se diferente disso, apague. Você precisa proteger sua gravação. Não deixe que ela se contamine.

Ninguém pode obrigá-lo a ter esse ou aquele pensamento. Outras pessoas não podem fazer você se sentir inferior, sem valor ou sem talento — não sem a sua permissão. Pare de permitir o que deveria estar apagando. Você não deixa todo mundo entrar na sua casa. Se um estranho aparecesse na sua porta segurando veneno, uma cascavel ou uma bisnaga de dinamite, você não diria: "Pode entrar. Você é bem-

-vindo à minha casa." Você fecharia a porta, tranca-ria e teria certeza de que ele não poderia entrar. O que está deixando entrar na sua mente? Você está dando as boas-vindas ao veneno, às coisas negativas que as pessoas disseram? Está deixando entrarem na sua casa as mentiras que dizem que você não é talentoso, que não serve, que é da nacionalidade errada? Por que não começa a fechar a porta e dizer "Não, obrigado"? A Bíblia diz para proteger sua mente. Você precisa ser seletivo a respeito do que permite habitá-la.

Alguns anos atrás, tínhamos um casal de coelhos em uma área cercada do nosso quintal. Percebi que um deles parecia não estar se sentindo bem. Ficava esfregando a lateral do rosto, como se algo estivesse incomodando-o. Nós o levamos ao veterinário, que deu alguns antibióticos e disse que ele deveria melhorar. Tentamos isso por uma semana, mas não ajudou. Então o rosto do coelho começou a inchar tanto que ele tinha um grande caroço em cima do nariz. Nós o levamos de volta e o veterinário o examinou mais a fundo, encontrando um ovo de mosca que de algum modo havia entrado na cavidade nasal do coelho: uma larva crescia e estava prestes a eclodir. Assim que encontraram a raiz do problema, eles a removeram e o coelho ficou bem.

É assim que o inimigo trabalha. Ele tenta plantar mentiras que infeccionam nosso pensamento. *Você não é bom o suficiente. Não é atraente. Nunca conhecerá a pessoa certa. Nunca ficará bem.* Podemos tentar consertar o exterior, mas, até que cheguemos à raiz do problema, até tirarmos a infecção, até apagarmos aquela gravação, as mentiras continuarão a nos limitar. Preste atenção naquilo que detém o seu foco. Pergunte-se por que você não segue o seu sonho, por que não se sente bem consigo mesmo ou por que anda por aí se sentindo culpado. Se rastrear a origem, encontrará uma fortaleza em sua mente. Alguma coisa o convenceu de que você cometeu muitos erros e de que Deus não o abençoará. Alguém disse que você não vem da família certa e, por isso, não pode fazer nada de grandioso. Aquela pessoa que abandonou o relacionamento lhe disse que você não merece ser amado. Isso são mentiras que entraram na sua mente, e com a sua permissão.

A boa notícia é que é possível se livrar delas. Você não precisa passar nem mais um minuto sendo infectado pelo pensamento errado. Eu tenho a prescrição exata para a sua cura, e não custa nada. Se começar a renovar a mente com o que Deus diz sobre você, isso limpará todos os lugares que estão infectados e vai curar tudo que está doendo. Em vez de se concentrar nas pessoas que dizem que você não tem valor e em como elas o fazem se sentir inferior, comece a focar o que Deus diz sobre você. Eu fui feito de modo especial e admirável. Sou uma obra-prima. É assim que a infecção começa a ir embora. Em vez de deixar a gravação tocar *Você não serve, Você não tem o que é preciso,* você toca *Eu sou talentoso, sou criativo, sou único.* Esses pensamentos trazem a cura. Seja o que for que está restringindo-o, você tem a prescrição. Apague as mentiras e comece a tomar seu remédio. Concentre-se no que Deus diz sobre você. Você não foi feito para andar por aí infectado. Foi feito para ser seguro, confiante, talen-

Você não precisa passar nem mais um minuto sendo infectado pelo pensamento errado.

toso, saudável, feliz e bem-sucedido. Erga-se e torne-se quem Deus o fez para ser.

Sem Mais Mentalidade de Gafanhoto

No Capítulo Dois, introduzi a história de quando Moisés enviou doze homens para espiar a Terra Prometida, e dez voltaram com um relato negativo. Eles disseram: "Nós não somos fortes o suficiente para tomar a terra. Todas as pessoas que vimos são homens de grande estatura. Lá vimos os gigantes, diante de quem parecíamos gafanhotos, a nós e a eles." Perceba como aqueles espiões viram a si mesmos. Eles não disseram: "Os gigantes eram grandes e nos chamaram de gafanhotos. Eles nos insultaram." Disseram: "Diante de quem parecíamos gafanhotos, a nós e a eles." Eles foram para a terra com uma mentalidade de gafanhoto. Seu pensamento estava contaminado antes de chegarem lá. A oposição não determina quem você é; ela simples-

> *O problema não são os gigantes, o problema é o seu pensamento.*

mente revela quem você é. Eles viram todos os inimigos como gigantes. Se você tem uma mentalidade de gafanhoto, não verá seus inimigos direito. Todos eles parecerão grandes demais. "Eu não consigo vencer esse câncer. Você viu o resultado do exame? Não consigo sair da dívida. Eu nunca vou realizar esse sonho." O problema não são os gigantes, o problema é o seu pensamento. Você foi infectado com a doença do gafanhoto.

Os outros dois espiões, Josué e Calebe, deram um relato completamente diferente. Eles viram os mesmos gigantes, e mesmo assim disseram: "E não tenham medo do povo da terra, porque nós os devoraremos como se fossem pão." Qual foi a diferença entre eles e os outros dez espiões? O pensamento deles não estava infectado. Eles tinham a gravação certa tocando. Sabiam que as forças a favor deles eram maiores do que as forças contra. Quando não está infectado, você tem uma ousadia, uma confiança para conquistar o que os outros acham que é impossível. Você estará dizendo: "Nós somos capazes. Esse conflito vai nos nutrir. Nós vamos sair mais fortes."

Você está no grupo de Josué e Calebe ou deixou seu pensamento se infectar, como aconteceu com os dez espiões? Você está tocando a gravação errada? É possível mudar. Não é difícil. Comece apagando as mentiras e substituindo-as pelo que Deus diz sobre você. A cada manhã, tire um tempo para preparar sua pessoa interior. Comece o dia fazendo afirmações positivas sobre si mesmo; ao longo do dia, mantenha essa gravação tocando. Não deixe a negatividade entrar. Deixe-me ajudá-lo a começar com estas afirmações: "Sou abençoado. Sou próspero. Sou talentoso. Sou criativo. Sou perdoado. Sou redimido. Sou livre. Sou valioso. Sou ungido. Sou equipado. Sou bonito. Sou atraente. Sou incrível. Sou feito de modo especial e admirável. Sou filho do Deus Maior. Tenho sementes de grandeza. Vou me tornar tudo que Ele me criou para ser."

CAPÍTULO SEIS

O Poder do Solo

Você pode ter uma semente boa, que é saudável e forte, cheia de potencial, mas, se ela não estiver plantada em um solo bom, não crescerá para ser o que foi criada para ser. O problema não está na semente. Se um cientista estudasse a semente e fizesse testes, descobriria que ela está cheia de vida. Se for uma semente de macieira, ela tem maçãs; se for de rosa, tem botões. Mas, se estiver plantada em solo cheio de pedras, espinhos e ervas daninhas, pode crescer um pouco, mas não vai prosperar e produzir o que deveria. Ela pode sobreviver, mas não ficará saudável. É o mesmo princípio na vida. Você é uma semente. Está cheio de habilidades, talentos e potencial. Mas, se você se plantar em solo insalubre, se andar com amigos que o comprometem e o puxam para baixo, se estiver em um ambiente com mentalidades limitadas, rodeado de pessoas que lhe dizem o que não pode fazer e como nunca alcançará seus sonhos, então você não terá o crescimento que deveria. Não é porque há algo de errado com sua semente — você é feito à imagem de Deus. O problema é com o solo. Os espinhos, a erva daninha e as pedras estão estrangulando a vida da sua semente.

Jesus contou uma parábola sobre um homem que plantou sementes em solo bom e elas floresceram, produzindo uma ótima safra. Mas algumas sementes caíram em solo pedregoso e não produziram muito. Outra semente caiu no meio de ervas daninhas e espinhos, o que a impediu de crescer. Todas as sementes eram da mesma qualidade, o que fez a diferença foi o solo. Os espinhos representam algumas coisas, como amigos que continuam fazendo você se comprometer; e a erva dani-

Não importa quão boa a semente é, seu crescimento depende de um bom solo.

nha são os colegas de trabalho que ficam sentados fofocando e falando sobre como a vida é ruim. As pedras são parentes que dizem que você nunca vai abandonar aquele vício ou como nunca será bem-sucedido. Se andar com pessoas negativas, elas estrangularão sua semente. Esses amigos com quem você está tentado a sair podem ser divertidos e populares, mas o que não consegue ver é que eles são erva daninha. Estão impedindo você de florescer. O ambiente no qual se coloca é extremamente importante. Não importa quão boa a semente é, seu crescimento depende de um bom solo. Você precisa ser seletivo ao escolher para quem doa seu tempo, sua energia e sua atenção.

As pessoas são contagiosas. Você pegará o que elas têm. Se seus amigos são preconceituosos, você se tornará preconceituoso. Se eles se comprometem, você se comprometerá. Se eles têm mentalidades limitadas, nenhum objetivo e motivação, o pensamento estreito deles o contagiará. Você se tornará semelhante às pessoas com quem se associa continuamente. Não ande com pessoas que não têm nada do que você quer. Se elas não estão tornando você alguém melhor, se não estão inspirando-o e o fazendo crescer, faça mudanças. É necessário arrancar algumas ervas daninhas. Livre-se desses amigos espinhosos. Pare de andar com pessoas que fazem emergir o pior em você e o fazem se comprometer. Fique longe de pessoas que o deixam desanimado e tentam fazê-lo desistir dos seus sonhos. A negatividade delas está contaminando o seu solo. Seu destino é grande demais para desperdiçá-lo com pessoas que não estão adicionando valor à sua vida. "Mas, Joel... E se eu magoá-las?" E se você perder o seu destino? E se elas estrangularem a sua semente? E se o impedirem de florescer?

Ouvi dizer que não é suficiente apenas focar o autodesenvolvimento, você precisa focar o desenvolvimento do solo. Precisa focar o que está ao redor, o que está influenciando-o, quem está falando na sua vida e para quem você está doando tempo e atenção. Você está colocando sua semente em solo bom ou ela está sendo contaminada pelo que está assistindo, pelo que está pensando ou por quem passa um tempo com você? Se não está disposto a se afastar de algo, é justamente esse algo que o fará parar de crescer. Se sabe que um amigo está puxando você para baixo, fazendo-o se comprometer, mas não busca mudança, ficará preso onde está. Uma semente não pode crescer em solo ruim. Se não esvaziar sua vida, tirando dela as pessoas erradas, nunca conhecerá as pessoas certas. Deus nunca lhe pede para abrir mão de alguma coisa sem lhe dar algo ainda melhor em troca. Você pode passar por um período de solidão, mas Deus trará novos e melhores amigos. Ele trará pessoas que o colocam para cima, e não para baixo, que o desafiam a se erguer mais alto e não se acomodar na mediocridade.

Arranque as Ervas Daninhas

Na Bíblia, Deus orientou Abraão, dizendo que deixasse seu país e seus parentes e fosse para uma nova terra. Abraão se foi, mas, enquanto saía, levou seu sobrinho Ló. Ele deveria ir apenas com sua família mais próxima. Não demorou para que os trabalhadores e os homens de Ló se desentendessem. Houve briga e discussão entre seus pastores, foi um grande conflito. Então Ló se mudou para um lugar diferente e se meteu em problema. Abraão se sentiu responsável e teve que resgatar o sobrinho, gastando todo o seu tempo e a sua energia envolvido em problemas que ele não teria que enfrentar se tivesse deixado Ló para trás, como deveria ter feito em primeiro lugar.

Algumas dificuldades que enfrentamos resultam de não estarmos dispostos a deixar quem ou o que Deus nos disse para deixar. Talvez seja um amigo que não é bom para você. Talvez, anos atrás, você soubesse que deveria fazer uma mudança, mas continuou adiando. Agora, assim como Abraão, está lidando com problemas e mágoas desnecessários. O interessante é que o nome *Ló* significa "véu ou cobertor". Quando deixar Ló, quando deixar o que deveria deixar, o véu cairá. Você verá coisas que nunca viu: novos amigos, novas oportunidades, novos talentos, novos níveis. Você está se agarrando a algo que Deus está pedindo-lhe para deixar para trás? Talvez há

Algumas dificuldades que enfrentamos resultam de não estarmos dispostos a deixar quem ou o que Deus nos disse para deixar.

alguém ou algo que esteja puxando-o para baixo, mantendo você longe do seu melhor. Sua semente não pode florescer nesse solo. Isso está limitando seu crescimento.

Quando digo para deixar para trás, você não precisa fazer um grande anúncio do tipo "Ei, você está me contaminando. Estou acabando nosso relacionamento. Joel me disse para me despedir de você". Deixe meu nome fora disso. Apenas comece a passar cada vez menos tempo com essas pessoas. Se está preso em ervas daninhas, isso estrangulará seus sonhos, sua visão e seu caráter. É hora de arrancá-las. Aquela pessoa com quem você almoçava no escritório e que está sempre reclamando do chefe, que inveja os colegas de trabalho e que tem raiva do próprio cônjuge? Ela é uma erva daninha. E digo isso com respeito. Ela está poluindo seu solo, fazendo você se encolher e falhar em florescer. Sim, essas pessoas são feitas à imagem de Deus e podem mudar, mas, até que mudem, não deixe que o contaminem.

O que Deus confiou a você é extremamente valioso.

Sou gentil com todo mundo, mas não gasto meu tempo com todo mundo. Sou seletivo a respeito de quem permito entrar na minha vida. Não gasto tempo com pessoas negativas, críticas, invejosas, de mente pequena, incapazes e amarguradas. Aprecio demais o que Deus me deu, por isso não coloco minha semente em solo ruim. Nós temos essa responsabilidade. Deus lhe deu um presente. Ele poderia ter criado alguém diferente para estar vivo neste dia e nesta hora, mas escolheu você. Sua semente está cheia de potencial e tem a grandeza dentro de si. Sua semente pode estabelecer um novo padrão para sua família e quebrar maldições geracionais. Sua semente pode ter a cura para o câncer e pode impactar este mundo. O que Deus lhe confiou é extremamente valioso. Faça a sua parte e mantenha sua semente em solo bom.

O Seu Solo Está Contaminado?

Nós temos uma fileira de arbustos verdes ao redor da nossa casa. Eles existem ali há anos, tão saudáveis e exuberantes quanto podem ser. Mas um dia percebemos que uma seção dos arbustos começava a aparentar algo de errado. Aqueles arbustos não eram tão verdes e pareciam um pouco encolhidos. Algumas semanas depois, estavam todos mortos. Eram mais ou menos 4,5m de arbustos de uma longa fileira, mas as plantas dos dois lados da seção morta estavam bem. O paisagista veio e a primeira coisa que ele disse foi: "Eu preciso testar o solo." Ele descobriu que o solo havia sido contaminado naquela seção. Tivemos que retirar o solo ruim e colocar um novo. Agora as plantas estão saudáveis e florescendo como todas as outras.

Às vezes estamos nos perguntando por que não vemos o crescimento, por que não vemos a graça. "Deus, por que não estás trabalhando?" Confira o seu solo. Ele se tornou contaminado? Com quem você está passando o seu tempo? A que está dando atenção? Você não pode assistir ao noticiário o tempo todo e esperar viver uma vida positiva e cheia de fé. Depois de uns vinte minutos, estará deprimido. Preste atenção no ambiente. A semente não pode crescer nesse solo negativo. O que está absorvendo o dia todo?

Um homem me disse que durante vinte anos ele escutou o rádio por uma hora todo dia em sua viagem diária ao trabalho. Era uma estação de política: as pessoas discutiam política e muitas vezes eram desrespeitosas umas com as outras. Esse homem ficava muito irritado e com raiva. Quando chegava ao trabalho, estava azedo, e ninguém queria ficar perto dele. Ele disse: "Eu me tornei um homem amargurado e bravo. Nem gostava de mim mesmo." Um dia ele estava trocando de estação no rádio e acidentalmente encontrou a nossa, SiriusXM. Começou a ouvi-la um ano atrás e não conseguia parar mais. Ele disse: "Agora sou uma pessoa diferente. Sou feliz e amigável. As pessoas me perguntam: 'O que aconteceu com você?'" Qual era o problema todos esses anos? O solo dele. Toda aquela negatividade sendo absorvida estava estrangulando sua semente. Estava estrangulando sua alegria, sua fé e sua vitória.

Nós temos coisas negativas o suficiente na vida sobre as quais não podemos fazer nada. Se você trabalha em um ambiente que não é saudável, Deus lhe dará a graça por isso. Mas estou pedindo que tome boas decisões a respeito das áreas da sua vida em que pode fazer algo. Quando estiver dirigindo para o trabalho, coloque algo animador — uma música que o inspire ou uma mensagem que fortaleça sua fé. Mantenha sua semente em um bom ambiente. Em casa, não deixe a TV ligada o dia todo com a falação, o ruído e o lixo tocando no fundo. Isso é o seu solo. Sua semente não pode florescer em solo ruim. Essa é a razão pela qual algumas pessoas não estão vendo a benevolência de Deus. Elas são talentosas e têm potencial, mas seu solo é contaminado. Faça um ajuste. Deus fez a parte Dele. Ele lhe deu o que precisa para viver uma vida vitoriosa. Agora você deve proteger essa semente.

Conheço um jogador profissional de futebol que foi diagnosticado com câncer. Ele só estava na liga há alguns anos. Seu sonho havia se tornado real, e então ele foi atingido com esse diagnóstico. Ele poderia ter desabado e ficado desencorajado, mas não o fez. Contou à mãe que não queria que ninguém usasse a palavra *câncer* em casa. Não queria essa palavra no seu espírito. Ele sabia que, se estivesse em uma atmosfera deprimida, de pena, em um ambiente de "Eu não vou sobreviver", não ficaria bem. Sua atitude era: *Eu sou curado. Sou completo. Vou jogar futebol de novo. Vou cumprir o meu destino. Deus é maior do que isso que estou enfrentando.* O que ele estava fazendo? Mantendo a semente em bom solo. Estava criando um ambiente de vitória. Dois anos mais tarde, estava de volta na liga.

Ao enfrentar dificuldades, mais do que nunca precisa manter sua mente cheia de pensamentos de fé, rodeando-se de pessoas que falarão de vida e esperança, pessoas que concordarão com o que você acredita. Você não pode aguentar ter pessoas negativas e desanimadoras dizendo-lhe como o cenário não parece bom e falando "Minha avó morreu da mesma coisa". Faça um favor a si mesmo e fique longe delas. Não as deixe poluir seu solo. Elas podem ser da família, mas você terá que amá-las a distância.

Ao enfrentar dificuldades, mais do que nunca precisa manter sua mente cheia de pensamentos de fé, rodeando-se de pessoas que falarão de vida e esperança, pessoas que concordarão com o que você acredita.

Encontre as Pessoas Certas

A Bíblia diz que Jesus foi orar por uma menininha que havia morrido. Quando chegou à casa dela, a multidão que havia se reunido ali estava triste e chorando. Ele contou que a menina não estava morta, mas apenas dormindo. A multidão começou a rir e zombar. Jesus pediu que deixassem a sala. Permitiu que apenas os pais e Pedro, Tiago e João ficassem. Ele falou com a menininha e ela foi curada. Por que Jesus pediu que os outros saíssem? Ele poderia ter curado a menina na frente de todo mundo. Ele é Deus. Mas Jesus estava nos mostrando a importância de ter o ambiente certo. Algumas pessoas vão fazê-lo desistir dos seus sonhos, se você permitir. A dúvida e a negatividade delas contaminarão você. É preciso estabelecer alguns limites. "Eu o amo, mas não vou andar com você. Não deixarei que me envenene. Tenho um destino para cumprir. Manterei minha semente em bom solo."

> *Encontre pessoas que alimentarão sua chama, não pessoas que jogarão água nela.*

Nos capítulos anteriores, vimos como dez dos espiões que Moisés enviou para espiar a Terra Prometida voltaram com a mentalidade de gafanhoto e disseram que não havia chance de eles tomarem a terra. Mesmo que Deus tenha prometido a vitória e mesmo que os outros dois espiões, Josué e Calebe, tenham declarado que eles eram capazes de tomar a terra, o relato negativo se espalhou pelo campo. Em pouco tempo, todos os 2 milhões de pessoas estavam desencorajados, reclamando e dizendo: "Moisés, vamos voltar ao Egito e ser escravos de novo." Eles nunca chegaram à Terra Prometida. O que aconteceu? Seu solo se tornou contaminado. Aquele ambiente negativo impediu a semente de florescer. As pessoas que o cercam são extremamente importantes. Não ande com pessoas que dizem que não é possível, que não vai acontecer, que "seu sonho é grande demais". Elas dizem: "Sim, Deus prometeu, mas você vê como a oposição é grande? Acha que pode melhorar, que pode sair do endividamento e que pode acabar com aquele vício, mas eu não vejo como." Faça um favor a si mesmo e encontre pessoas diferentes. Encontre Josué. Encontre

Calebe. Encontre pessoas que alimentarão sua chama, não pessoas que jogarão água nela. Encontre pessoas que colocarão a fé delas ao lado da sua e dirão: "Se você acredita, conte comigo. Estou acreditando com você."

Quando Henry Ford teve um sonho sobre construir um carro com um motor, ele começou a desenvolvê-lo, mas todo mundo disse que não ia funcionar, que não era uma boa ideia, que ninguém ia querer um carro com um motor barulhento. Ele estava prestes a desistir quando foi a um jantar no qual Thomas Edison estava presente. Os dois homens nunca haviam se conhecido. Ford foi apresentado como o homem tentando construir um carro que rodasse com gasolina. Edison encheu Ford de perguntas e, quando Ford explicou seu plano, os olhos de Edison se acenderam. Ele bateu o punho na mesa e disse: "Você achou! Um carro que tem sua própria usina de força. Isso é uma ideia brilhante." Ford contou como a amizade deles continuou. Muitos de nós não estariam dirigindo um Ford se ele não tivesse encontrado aquele solo bom. Os críticos e pessimistas são comuns. Dos doze espiões enviados à Terra Prometida, dez foram negativos. Isso é a média. Oitenta por cento dirão o que você não pode fazer. Você precisa encontrar os 20% que dirão o que você *pode* fazer. Em grande parte do tempo, a maioria não o encorajará, porque não enxerga o que você enxerga. É necessário encontrar a minoria que enxergará o que você vê.

Seu Solo é Tão Importante Quanto Sua Semente

Acredito que um dos motivos pelos quais vi a graça de Deus é o fato de que estive em solo bom. Da maior parte, eu não posso levar o crédito. Não foi nada que eu fiz, foi simplesmente a bondade de Deus. Fui criado por pais que sempre me disseram o que eu poderia me tornar. Em um ambiente positivo e amoroso, vi meu pai acreditar em coisas grandes e quebrar as barreiras nas quais ele cresceu. Ele saiu da pobreza e viveu com uma mentalidade de "tudo é possível". Anos antes de meu pai falecer, Victoria me disse que um dia eu seria o pastor da igreja. Isso parecia distante para mim. Eu costumava pensar: *O que ela está dizendo? Eu não posso aparecer na frente das pessoas.* Mas, ano após ano, ela continuou me dizendo o que eu poderia me tornar. Quando meu pai foi se encontrar com o Senhor, consegui assumir a responsabilidade e ser o pastor da igreja. Por quê? Minha semente sempre esteve em bom solo.

Minha irmã Lisa trabalhou na igreja por dezessete anos, nos bastidores, comigo. Ela era a líder dos voluntários e ajudava meu pai durante os cultos, certificando-se de que ele soubesse tudo que estava acontecendo. No domingo seguinte à morte do meu pai, eu estava sentado na cadeira dele no santuário, prestes a começar o culto. Lisa estava sentada bem ao meu lado, como sempre. Ela disse que Deus falou o seguinte ao coração dela: "Assim como você serviu ao seu pai, você servirá ao seu irmão." Durante esses últimos vinte anos, Lisa tem feito exatamente isso — me ajudando, me encorajando. Ela poderia ter sido invejosa e dito: "Deus, quero ser promovida. Não quero servi-lo. Quero que ele me sirva." Mas, em vez disso, ela me celebrou. O que estou dizendo? Não cheguei sozinho aonde estou hoje. Cheguei aqui porque tive um bom solo ao meu redor. Tive pessoas que acreditaram em mim, que me inspiraram e que me desafiaram. Seu solo é tão importante quanto a sua semente.

Você pode ter passado pelo oposto — pessoas que não o apoiaram. Em vez de dizer o que você poderia se tornar, disseram o que não poderia fazer e por que não seria bem-sucedido. Você não teve qualquer escolha sobre como foi criado. A boa notícia é que o passado não precisa paralisá-lo. Sua semente ainda está viva. Se você se colocar em um solo diferente, com pessoas capazes, pensadores de possibilidades, amigos que desafiam e inspiram, pessoas que o colocam para cima, sua semente vai enraizar e começar a florescer. Você ainda pode ver a completude do seu destino.

Se você se colocar em um solo diferente, com pessoas capazes, pensadores de possibilidades, amigos que desafiam e inspiram e pessoas que o colocam para cima, sua semente vai enraizar e começar a florescer.

Não Fique na Lagoa Pequena

É isto que a Bíblia conta que aconteceu com Eliseu. Ele era um fazendeiro que estava trabalhando no campo, um bom lugar para estar, mas seu futuro era limitado à sua família e à terra que ele ia herdar. Um dia, o profeta Elias veio e o chamou. Eliseu viu em Elias algo que ele queria, mais do que a vida na fazenda poderia oferecer. Ele viu a graça na vida de Elias, viu como esse homem estava fazendo coisas ótimas; então, conectou-se com Elias. Ele disse a si mesmo: "Isso é solo bom. É aqui que eu preciso plantar minha semente." Eliseu entendeu a importância do ambiente, das pessoas com as quais ele andava. Durante anos ele serviu ao profeta Elias. Levava comida para ele, esperava-o e não o deixava sozinho. Na verdade, logo antes de Elias ser levado ao céu, ele disse três vezes a Eliseu para cuidar de suas próprias coisas, mas Eliseu não o ouvia. Quando Elias foi para o céu, Eliseu recebeu uma porção dupla de sua unção e seguiu em frente para fazer duas vezes mais milagres do que Elias. Se Eliseu tivesse ficado no campo, naquele cenário limitado, com sua família e as pessoas com as quais cresceu, nunca teria visto o dobro. Ele precisava colocar sua semente no solo.

Você precisa de pessoas na sua vida que estão mais adiantadas do que você. Precisa de pessoas que têm uma visão mais ampla, que são mais experientes, que têm mais sabedoria, que são mais maduras, pessoas cujos exemplos você pode seguir. Você precisa ser exposto a novos níveis para poder alcançar novos níveis. Se é o mais inteligente no grupo, seu grupo é muito pequeno. Se é o mais bem-sucedido, precisa de um círculo maior. Algumas pessoas querem ser o peixe grande, sem perceber que estão em uma lagoa pequena. Saia dessa mentalidade pequena. Não fique intimidado por alguém que está mais avançado, fique inspirado. Você precisa de bons mentores. Fique perto de sonhadores. Conecte-se com pessoas que são mais sábias, mais talentosas, mais bem-sucedidas e mais experientes, então absorva delas. Isso é um bom solo.

A sua visão se amplia quando você está perto dos seus amigos ou ela diminui?

Um amigo meu alimenta 1 milhão de crianças por dia. Ele apoia organizações de caridade que ajudam crianças carentes. Seu objetivo é alimentar 10 milhões por dia. Quando estou perto dele, fico inspirado. Ele me faz sonhar mais alto. Eu penso: *Deus, você fez por ele e pode fazer por mim*. O que é isso? É a minha semente caindo em bom solo. A sua visão se amplia quando você está perto dos seus amigos ou ela diminui? Você vai embora motivado, inspirado e desafiado ou sai desencorajado, negativo e sem energia? Não estou dizendo que todo amigo vai inspirá-lo, mas você deve ter um ou dois que acendam um fogo interior e o empurrem para frente. Se investir apenas em pessoas que estão no mesmo nível que o seu, ficará preso. Encontre um mentor que esteve onde você quer estar. Assim como as pessoas erradas o puxarão para baixo, as pessoas certas o colocarão para cima.

Pedro Está Esperando por Você

Em Atos 3, um homem que havia nascido com uma deficiência física estava deitado no portão do templo pedindo dinheiro. O apóstolo Pedro disse: "Não tenho prata nem ouro, mas o que tenho, isto lhe dou. Em nome de Jesus Cristo, o Nazareno, ande." Nada aconteceu. O homem apenas olhou para Pedro, pensando: *O que você quer dizer? Ande? Eu sou deficiente. Não posso andar.* Esse poderia ter sido o fim da história. Pedro poderia ter pensado: *Eu fiz a minha parte, mas não funcionou.* Mas a Bíblia diz: "Segurando-o pela mão direita, ajudou-o a levantar-se, e imediatamente os pés e os tornozelos do homem ficaram firmes." Eu amo como Pedro não deixou aquele homem ficar no chão. Ele não lhe deu alternativa. Orou e o ajudou a levantar-se.

Você precisa de amigos como Pedro: que não o deixarão no chão. Quando está no fosso, quando não consegue levantar sozinho, não precisa de pessoas que sintam pena de você e entrem no fosso ao seu lado. Não precisa de pessoas que vão confortá-lo no fosso e contar histórias tristes. Você precisa de pessoas como Pedro, que o tirem do fosso. Precisa de pessoas que o amem tanto que não o deixarão inventar desculpas. Não o deixarão ficar desencorajado, permanecer dependente ou desistir dos seus sonhos. Elas não apenas oram por você, mas também o levantam.

Acredito ser este o motivo pelo qual tantas pessoas vêm aos nossos cultos em Lakewood e assistem e escutam nossas transmissões: elas sabem que sempre vamos levantá-las. Você pode estar para baixo, mas nós não vamos deixá-lo continuar assim. Nós vamos dizer: "Levante-se! Há novos níveis. Você foi machucado. Levante-se. Deus tem beleza no lugar das cinzas. Você teve uma decepção. Levante-se. Deus tem um novo começo. Você perdeu alguma coisa. Levante-se. Deus está prestes a recuperá-la. Você está desanimado porque ainda está solteiro. Levante-se. Deus está prestes a trazer a pessoa certa. Você está tendo dificuldades com suas finanças. Levante-se. Deus está prestes a abrir as janelas do céu." Você precisa de pessoas que vão levá-lo ao seu destino. Assim como aquele homem deficiente, às vezes você não consegue alcançar o próximo nível sem que alguém o levante. Se você é deficiente em alguma área e está rodeado de pessoas como você, não há ninguém para ajudá-lo a levantar-se. Precisa estar perto de alguém mais forte, mais bem-sucedido e livre que possa levantá-lo. Pessoas deficientes não podem ajudar pessoas deficientes, pessoas dependentes não podem ajudar pessoas dependentes e pessoas deprimidas não podem levantar outras pessoas deprimidas.

Estou pedindo-lhe para mudar as pessoas com as quais anda. Deus tem alguns Pedros esperando por você. Há pessoas ordenadas por ele para levantá-lo, erguê-lo e ajudá-lo a ficar de pé. Não fique acomodado na disfunção, cercado de outras pessoas disfuncionais pelo resto da vida. Sua semente não pode crescer nesse solo. Pedro está lá fora. A pessoa certa está a espera. Agora dê o primeiro passo. Saia do ambiente negativo, afaste-se de pessoas que estão encorajando sua disfunção, que dizem que o seu lugar atual será o seu lugar para sempre. Não acredite nessas mentiras. Sua semente ainda

Você precisa de pessoas que vão levá-lo ao seu destino.

está viva. Quando ela cair no solo bom, assim como aconteceu com o homem deficiente, você verá coisas com as quais nunca sonhou. Você não viverá dependente, porque a liberdade está a caminho. Não terá dificuldades com sua saúde, porque a completude está a caminho. Passar necessidade e não ter o suficiente não é o seu destino. No solo bom, você verá a abundância e o transbordamento, e terá mais do que o suficiente.

Agora faça sua parte e arranque as ervas daninhas. Livre-se dos amigos espinhosos, das pessoas que estão atrasando você. Esvazie a negatividade que está puxando-o para baixo e ocupando o espaço de que você precisa para as coisas boas que deveriam estar na sua vida. Seja seletivo sobre o que absorve o dia inteiro e permaneça em um ambiente de fé. Se fizer isso, declaro que você está prestes a florescer. Você verá avanço, novos níveis de influência, novos relacionamentos, novos talentos e mais alegria. Tudo isso está a caminho!

NÓS QUEREMOS OUVIR VOCÊ!

Toda semana termino minha transmissão televisiva internacional dando ao público a oportunidade de transformar Jesus no Senhor de suas vidas. Eu gostaria de estender a mesma oportunidade a você. Você está em paz com Deus? Existe um vazio no coração de cada pessoa que apenas Deus pode preencher. Não estou falando sobre entrar para uma igreja ou encontrar uma religião. Estou falando sobre encontrar a vida, a paz e a felicidade. Você oraria comigo hoje? Apenas diga: "Senhor Jesus, eu me arrependo dos meus pecados. Peço que entre no meu coração. Eu o faço meu Senhor e Salvador."

Amigo, se pronunciar essa simples oração, acredito que você "nasceu de novo". Eu o encorajo a frequentar uma boa igreja que se baseie na Bíblia e a manter Deus em primeiro lugar na sua vida. Para mais informações gratuitas sobre como pode crescer mais forte na sua vida espiritual, sinta-se livre para entrar em contato conosco.

Eu e Victoria o amamos e estaremos orando por você. Estamos acreditando no melhor de Deus para sua vida. Você verá seus sonhos se realizarem. Adoraríamos ouvi-lo!

Para entrar em contato conosco, escreva para:

Joel e Victoria Osteen

P.O. Box 4271

Houston, TX 77210

Ou você pode nos encontrar online em www.joelosteen.com.

Este livro foi impresso nas oficinas gráficas da Editora Vozes Ltda.,
Rua Frei Luís, 100 – Petrópolis, RJ.